Sidoine Lafleur Kamgang

Analyser, concevoir et développer un site web adaptatif pour une ONG

Sidoine Lafleur Kamgang

Analyser, concevoir et développer un site web adaptatif pour une ONG

Responsive Design, mise en page fluide (HTML5,CSS3), animations en CSS3, diaporama en Jquery, base de donnees MySQL/PHP

Éditions universitaires européennes

Impressum / Mentions légales
Bibliografische Information der Deutschen Nationalbibliothek: Die Deutsche
Nationalbibliothek verzeichnet diese Publikation in der Deutschen Nationalbibliografie;
detaillierte bibliografische Daten sind im Internet über http://dnb.d-nb.de abrufbar.
Alle in diesem Buch genannten Marken und Produktnamen unterliegen warenzeichen-,
marken- oder patentrechtlichem Schutz bzw. sind Warenzeichen oder eingetragene
Warenzeichen der jeweiligen Inhaber. Die Wiedergabe von Marken, Produktnamen,
Gebrauchsnamen, Handelsnamen, Warenbezeichnungen u.s.w. in diesem Werk berechtigt
auch ohne besondere Kennzeichnung nicht zu der Annahme, dass solche Namen im Sinne
der Warenzeichen- und Markenschutzgesetzgebung als frei zu betrachten wären und
daher von jedermann benutzt werden dürften.

Information bibliographique publiée par la Deutsche Nationalbibliothek: La Deutsche
Nationalbibliothek inscrit cette publication à la Deutsche Nationalbibliografie; des
données bibliographiques détaillées sont disponibles sur internet à l'adresse http://dnb.d-
nb.de.
Toutes marques et noms de produits mentionnés dans ce livre demeurent sous la
protection des marques, des marques déposées et des brevets, et sont des marques ou des
marques déposées de leurs détenteurs respectifs. L'utilisation des marques, noms de
produits, noms communs, noms commerciaux, descriptions de produits, etc, même sans
qu'ils soient mentionnés de façon particulière dans ce livre ne signifie en aucune façon que
ces noms peuvent être utilisés sans restriction à l'égard de la législation pour la protection
des marques et des marques déposées et pourraient donc être utilisés par quiconque.

Coverbild / Photo de couverture: www.ingimage.com

Verlag / Editeur:
Éditions universitaires européennes
ist ein Imprint der / est une marque déposée de
OmniScriptum GmbH & Co. KG
Heinrich-Böcking-Str. 6-8, 66121 Saarbrücken, Deutschland / Allemagne
Email: info@editions-ue.com

Herstellung: siehe letzte Seite /
Impression: voir la dernière page
ISBN: 978-3-8417-9793-3

Copyright / Droit d'auteur © 2014 OmniScriptum GmbH & Co. KG
Alle Rechte vorbehalten. / Tous droits réservés. Saarbrücken 2014

DEDICACE

*A **Jean Baptiste KAMGANG**, mon tendre époux pour ton inconditionnel support et ta contribution à tous mes projets, Que tu puisses voir en cet ouvrage le résultat de ces années d'encouragement que tu n'as jamais cessé de m'apporter.*

REMERCIEMENTS

Ce livre n'aurait vu le jour si ce n'était le concours de nombreuses personnes auxquelles je tiens à exprimer ici ma sincère gratitude.

Au **Dr. Nicolas ROYACKKERS, Université de Picardie Jules Verne (UPJV),** pour avoir accepté de nous superviser sur ce projet, pour sa disponibilité et pour ses prestigieux conseils. Je remercie également toute l'équipe pédagogique de l'**Université de Picardie Jules Verne (UPJV),** pour leurs judicieux conseils et encouragements au cours ma formation de MASTER.

A Mme **Monique TERRELL (CEO de Street Smart Youth Project Inc)** pour m'avoir accepté comme stagiaire dans son organisation dans le cadre de ce projet, et pour ses contributions à la réalisation de ce projet. A Mme **Holly JOSEPH (ancien Coordonnateur GED à Street Smart Youth Project)** pour avoir accepté de nous encadrer sur ce projet, pour sa disponibilité et sa contribution à la réalisation de ce projet. Nous remercions tous les employés de SSYP pour leur contribution aux interviews d'analyse de l'existant.

A mes adorables enfants **Suzanne KAMGANG, Cassidy KAMGANG, et Dayan KAMGANG,** pour votre extraordinaire patiente, durant ces longues heures et mois de travail. Vous me galvaniser l'énergie. Un spécial remerciement à Suzanne pour avoir contribuer significativement à la mise en page de cet ouvrage.

Aux membres des grandes familles **Prosper FOTSO SADO** et belle-familles **Justin TCHENDJE, Emmanuel KAMGANG ET Pascal KAMGANG** qui de près ou de loin n'ont jamais cessé de m'encourager et de me soutenir.

Je pense également à mes amis de toujours qui se reconnaîtront. Je n'oublie pas mes camarades de promotion avec qui nous avons partagé une période mémorable.

Merci à l'équipe des **Editions Universitaires Européennes,** pour avoir cru en moi et accepté de publier ce livre. A tous ceux qui m'ont accordé un peu de leur temps et ceux qui liront ce livre, qu'il vous apporte plus de connaissances pratiques dans l'analyse, la conception et la réalisation de vos projets de sites web.

SOMMAIRE

INTRODUCTION

Un site web (ou site internet lorsqu'il est accessible sur internet) est un ensemble de pages web liées entre elles et mises en ligne (sur internet ou intranet) à une adresse web appelé encore nom de domaine sous la forme (www.nomdomaine.X, x pouvant être com, gov, fr, cm,.....). Les compagnies et même les individus l'utilisent pour partager des informations sur eux, informer sur leur produits, vendre leurs produits, échanger avec leurs partenaires (clients, fournisseurs,...). Il permet d'informer sur la société, l'individu ou le produit à l'échelle mondiale. Aujourd'hui, presque toute entreprise a un site web qui lui permet de profiter de la plate-forme de marketing en ligne, car une présence en ligne permet l'augmenter la taille de sa cible, de réduire les coûts de diffusion de l'information, d'accroitre la disponibilité des informations concernant la société, ses services et ses produits,   d'augmenter sa popularité et son chiffre d'affaires et de se forger une image de marque tant localement qu'internationalement. Cependant, tous ces avantages viennent avec une condition: Le site web doit être conçu de façon à être ergonomique, compatible/ interopérable, riche en contenus, bien référencé, et bien sécurisé, et être constamment mis à jour.

Les organisations à but non lucratifs désirent   eux aussi   comme toutes entreprise disposer d'un site web mais font face dans la plupart des cas à une limitation du budget. Comme conséquence, ils doivent faire un compromis lors de la réalisation de leur site web. Dans la majorité des cas, la mise en place du site web est planifiée sans toujours avoir les finances et ressources nécessaires pour disposer à la fin d'un site web de qualité. Malgré ceci le site web des organisations à but non lucratif a besoin d'être attractif, d'offrir une navigation facile, avoir des couleurs de fonds et éléments de design appropriés reflétant les valeurs et les causes de l'organisation. Et plus encore, les sites des organisations à but non lucratif ont besoin d'offrir plus que ce qu'offrent les sites web classiques des sociétés offrant des services. Le site web des organisations à but non lucratif doit permettre de retrouver facilement et de comprendre la cause que défend l'organisation, de trouver comment et où faire des dons, de trouver comment s'impliquer dans les activités de l'organisation de trouver comment facilement contacter les personnes importantes de l'organisation quel que soit le périphérique utilisé pour accéder au site web, tout ceci dans le but de faciliter l'accès à sa principale cible qui sont les potentiels donneurs, partenaires et volontaires. Dans ce livre nous allons analyser, concevoir et développer un site web en s'appuyant du cas de l'organisme à but non lucratif Street Smart Youth Project Inc (SSYP). Il sera question pour nous de vous promener dans le processus d'analyse, de conception et de développement d'un site qui offrira à l'ONG plus d'avantages que le site web initial en étant plus attractif, plus interactif, plus accessible, s'adaptant au maximum de périphérique (responsive design), plus sécurisé dans le but d'accroitre ses partenaires, ses donneurs, ses volontaires et ses simple visiteurs tout en améliorant la vision professionnelle de l'organisme. Pour cela nous procéderons d'abord à une brève présentation de l'organisation et de ses activités, puis nous analyserons le site web existant et les besoins réels en site, pour en ressortir avec les fonctionnalités voulues du futur site web. Ensuite nous concevrons les différentes fonctionnalités du site et procèderons enfin au développement effectif du site web.

PARTIE I - PRÉSENTATION DE LA STRUCTURE POUR LAQUELLE LE PROJET DE SITE WEB A ETE REALISE

I - HISTORIQUE DE L'ONG

Street Smart Youth Project, Inc. (SSYP) est une organisation communautaire, fondé en 2003 par Marie Sutton. Elle fonctionnait sous la direction fiscale du Conseil de Toxicomanie de Géorgie. En 2008, Monique Terrell, L'actuel Directeur exécutif et CEO de SSYP, a Incorporé ce programme dans l'organisation 501 (c) 3 et l'a rebaptisé Street Smart Youth Project, Inc. Actuellement, SSYP fonctionne sous l'agence fiscale du district de Cobb Community Service Board.

II - MISSION DE L'ONG

La mission de SSYP est d'activement encourager les jeunes minoritaires et jeunes adultes vivant dans des zones à haut risques dans un programme communautaire, structuré, dans le but de les préparer et les permettre d'avoir une vie d'adulte saine et indépendante.

SSYP se concentre sur apporter une capacité de résistance et met un accent spécial sur la prévention quant aux comportements coupables et criminels, l'alcool et la toxicomanie, sur la conscience de l'existence du VIH et la prévention. Les jeunes comme les adultes participent aux sessions de groupe hebdomadaires conduites par des conseillers cliniquement formés et/ou le personnel formé pour aborder ces questions sociales critiques. Aujourd'hui, Street Smart Youth est localisée à 1340 Bolton Road, North-Ouest de Atlanta, dans l'Etat de Géorgie, aux Etats-Unis.

III - LES SERVICES (PROGRAMMES) DE L'ONG

SSYP est divisé en 3 programmes:

• **Youth Drop-In Center**: Qui fournit aux jeunes, âgés de 10-17 ans un environnement sûr et structuré; 4 jours par semaine entre les heures de 14h30 et 18h30, Le Drop-In Center engage ces jeunes dans des activités structurées de loisirs, éducatives, culturelles et nutritionnelles gratuites. Les participants peuvent rester dans ce programme jusqu'à ce qu'il atteigne l'âge de 18 ans.

• **Adult Learning Program**: Ce Programme fournit aux jeunes adultes, âgés de 18-24 ans, de l'expérience académique avec pour objectif de les reconnecter aux programmes universitaires et/ou professionnels formels à travers des formations comme: les formations aux petits métiers (esthétique, formation à l'utilisation des nouvelles technologies)

• **Community Outreach**: Qui fournit aux individus avec le VIH et la toxicomanie des littératures et informations sur la prévention et des références communautaires. Ce programme est conduit toute l'année à travers le programme HIV/STD-PREVENTION/EDUCATION (prévention du VIH et Maladies sexuellement Transmissible). Les participants à ce programme ne peuvent assister à ce programme qu'une fois.

SSYP mène son action plus dans le Sud-ouest de Atlanta, où elle est principalement localisée. Par année, SSYP compte entre 75 et 100 jeunes et adultes participant à ses programmes.

IV - CAPACITÉ DE L'ONG

Comme beaucoup d'organisations à but non lucratif partout dans le comté à Atlanta - Georgia aux Etats-Unis, SSYP a fait face à la diminution de finance pendant les trois dernières années, Ce qui a entrainé la réduction du budget du programme. Actuellement, SSYP a seulement trois employés à temps plein qui gèrent les opérations complètes de l'organisation. Les programmes et des services sont principalement réalisés à l'aide des contractuels indépendants, qui sont entre 8-10 personnels, les membres du Conseil d'administration (5 membres) non compris ces personnels sont:

- Un Directeur Exécutif, Un Directeur des opérations, un Gestionnaire de programme (tous employés permanents),

- Deux Spécialistes de la protection des enfants (employés permanent mais à temps partiel),

- Un cuisinier (à temps partiel et employé permanent),

- Deux Gestionnaires de programmes (employés contractuels à temps partiel),
- Deux employés contractuels spécialisés dans la prévention du VIH/SIDA.

V - **PARTENAIRES DE L'ONG**

La mission de SSYP est atteinte par le support des parties prenantes clés suivantes:

✓ Le département de Santé Comportementale et Handicaps Liés au développement,

✓ Le Conseil de Travaux d'intérêt général du district de Cobb,

✓ Le Parc de Récréation d'Atlanta.

VI - CRITERE D'ELIGIBILITE A UN PROGRAMME DE L'ORGANISATION

Pour être éligible aux programmes de SSYP, il faut déjà être jeune ou adulte âgé de plus de 10 ans et faire partie d'une certaine categorie et ou etre exposé à certains facteurs à risque suivant:

✓ Si âgé entre 10 et 17 ans, le potentiel participant doit être exposé à deux ou plusieurs des facteurs à risque suivants: Venir d'une famille monoparental, avoir un faible revenu (Réf: Tableau de niveau de pauvreté en fonction du revenue à Geogia http://aspe.hhs.gov/poverty/09poverty.shtml), être exposé aux comportements sexuels à risque, être exposé aux risques de délinquance juvénile.

✓ Si adulte de 18 ans et plus, le potentiel participant doit être exposé à deux ou plusieurs des facteurs à risques suivants: Avoir un faible revenu, avoir interrompu ses études (avant un Baccalauréat), être en chaumage ou sous employé, avec une historique criminelle, avoir été exposé à l'alcool ou la toxicomanie.

VII - D'OU VIENNENT LES PARTICIPANTS AUX PROGRAMMES DE L'ONG

Habituellement, les participants aux programmes de SSYP viennent du voisinage, dans la majorité des cas, ils initient eux même leurs 1ers contact avec SSYP. Lorsqu'ils viennent de loin, une fois dans le programme, leur transport (de et vers les bureaux de SSYP) est géré par SSYP. Aussi, SSYP organise très souvent des programmes où ils se rendent dans des écoles publiques locales durant des périodes précises et au Voisinage pour promouvoir leurs programmes et attirer les potentiels participants.

VIII - <u>ETAPES DE SELECTION DUN CANDIDAT POUR BENEFICIER A UN PROGRAMME DE L'ONG</u>

Quand un jeune, un adulte ou parents exprime son intérêt pour les programmes de SSYP:

▪ SSYP lui donne plus d'informations sur le programme qui l'intéresse et sur les autres programmes existants (à lui même s'il est adulte et au parent ou à son tuteur s'il est âgé de moins de 18 ans).

✓ Puis s'il est toujours intéressé, un formulaire de demande de participation lui est remis, il le remplit et le soumet à la direction de SSYP.

✓ Une étude est faite pour s'assurer qu'il remplit les critères d'éligibilité.

▪ Si les critères d'éligibilité sont remplis, il est contacté et d'autres formulaires de consentement lui sont remis pour signature. Puis une copie est conservée pour SSYP et il reçoit une copie.

▪ Désormais, il est participant. Il lui est remis un document d'orientation et un contrat de code de conduite.

A la fin, le Responsable des programmes crée un fichier pour le participant. Des lors il peut commencer à participer aux programmes auxquels il a été enregistré.

PARTIE II - PRÉSENTATION DU PROJET DE DEVELOPPEMENT DE SITE WEB

SSYP possèdait un site web statique à accessible à l'adresse (http://www.streetsmartyouthproject.org) mais souhaitait mettre en place un site web dynamique et ergonomique ayant une identité visuelle propre à SSYP, le but du redéveloppement d'un site web pour SSYP est d'attirer plus de potentiels partenaires, de participants, de volontaires et de parties prenantes tout en fidélisant ceux déjà existants et par la améliorer l'image professionelle de l'organisation.

I - ANALYSE DE L'EXISTANT ET ETUDE DE FAISABILITE

A - PRÉSENTATION DU SITE WEB INITIAL DE L'ONG

Le site web initial de SSYP etait un site statique de 4 pages principales:

- ⳼ Une page présentant l'organisation avec ses programmes,

- ⳼ Une page pour pouvoir enregistrer les dons financiers,

- ⳼ Une page pour présenter l'équipe dirigeante de l'organisation,

- ⳼ Une autre page pour la localisation de la structure, et le contact.

Ces 4 pages étant accessibles depuis un menu principal. Puis 3 pages secondaires accessibles à partir d'une page principale présentant les programmes qu'offrent SSYP. Ci dessous un imprime-écran de la page d'accueil de ce precedent site web.

Figure 1: page d'accueil du site web initial de SSYP (Mai 2012)

1 - COMMENT SONT UTILISÉES LES INFORMATIONS COLLECTEES DU SITES ?

Dans le site web initial, les seules informations collectées n'étaient que les dons financiers. SSYP utilise pour le paiement des dons financiers les moyens de paiement en ligne donnant la possibilité de payer soit par carte (visa, masterCard, American express, discover) soit par compte Paypal directement à partir de son site web mais redirigé vers le site web du fournisseur de paiement. Pour cela, il utilise le fournisseur de solutions de paiement en ligne Paypal. Pour pouvoir bénéficier de ce système qui offre une sécurité de transaction, SSYP a:

- Crée un compte Paypal Business en donnant les informations sur les détails de son activité et des informations personnelles sur le/les représentant(s) autorisé(s) à gérer ce compte.

- Installé le logiciel Paypal intégral sur son site web et configuré celui ci avec des paramètres obtenus lors de la création du compte Paypal. Ici Paypal retient des frais basés sur la valeur de chaque transaction effectuée sur le site de L'ONG à partir de son système.

2 - COMMENT FONCTIONNE LE SYSTEME DE DONS EN LIGNE ?

Lorsqu'un don est effectué à partir du site de SSYP, le montant est immédiatement crédité sur le compte PayPal de SSYP et un email de notification avec les détails du don est envoyé à l'adresse email de SSYP utilisé pour créer le compte Paypal. Les rapports des transactions peuvent être téléchargées au format .csv , xls et .pdf par SSYP dans un espace qui lui est réservé dans le système de Paypal en utilisant son compte, et le virement du montant du don est fait gratuitement du compte PayPal de SSYP à son compte en banque mais cette procédure doit être initiée par SSYP.

3-COMMENT EST CONFIGURE LE SYSTEME DE DONS EN LIGNE ?

Pour accepter les dons, SSYP a installé le bouton ''Faire un don '' de paypal sur son site. En effet Paypal fournit le code HTML du bouton, que le developpeur du site web doit copier et coller dans le contenu HTML de la page web du site a l'endroit prevu pour le bouton de donation, puis personnaliser le style de la page de dons pour qu'il ait par exemple le logo de SSYP ou autres information identifiante de l'organisation. Sur le site web initial de SSYP ce bouton n'apparaissait que sur une page, celle qui s'ouvre quand l'utilisateur clique sur le menu « HELP US ». Cette fenetre est comme ci dessous :

Street Smart Youth Project, Inc.

Please enter your donation amount.				
Purpose		Donation amount	Make This Recurring (Monthly)	Total
Street Smart Youth Project, Inc.		$ _____	☐	$0.00
		Total:		$0.00 USD

Pay with Credit Card or Log In   **PayPal** 🔒 Secure Payments

Country:	United States ▼
First Name:	
Last Name:	
Credit Card Number:	

ALREADY HAVE A
PAYPAL ACCOUNT!

Email:
_____

Password:
_____

Payment Type   VISA MasterCard DISCOVER

Expiration Date: mm / yy CSC: ___ What's this?

[Log In]

Billing Address Line 1: _____

Billing Address Line 2: (optional) _____

Forgot your email address or password?

City:

Figure 2: Fenêtre d'envoie de dons financiers

Une fois cliqué sur le Bouton «HELP US » et obtenu la page de donation ci-dessus, le donateur devait saisir le parametre de son don. Ici le donateur n'a pas besoin de compte PayPal pour effectuer son don, car une option (à gauche) est prévu pour ceux qui n'ont pas de compte paypal ou ne veulent pas utiliser leur compte paypal et une option (à droite) pour ceux qui ont déjà un compte paypal et veulent l'utiliser pour cette transaction de don. Cependant SSYP, pour accéder aux fonds qui lui ont été versés par les donateurs, à besoin d'avoir un compte premier ou business de chez paypal.

4 - SECURITE OFFERTE PAR LE SYSTEME DE PAIEMENT EN LIGNE UTILISE PAR L'ONG

Le système de paiement utilisé par SSYP, lui offre côte sécurité:

⮝ Un Système de prévention contre la fraude et les usurpations d'identité très efficace,

<L Le cryptage et la protection des données en utilisant le SSL (Secure Socket layer).

<L Le Respect des standards internationaux PCI-DSS (Payment Card Industry Data Security Standards) adoptés par les organisations qui collectent, enregistrent, traitent ou transmettent des informations sur les détenteurs de carte de paiement.

5 - INFRASTRUCTURE D'HÉBERGEMENT DU SITE WEB INITIAL

a - CARACTERISTIQUES DU SERVEUR SUR LEQUEL ETAIT HEBERGE LE SITE INITIAL

<L **Système d'exploitation:** Linux,

<L **Serveur web**: Apache 2.2.19,

<L **Système de gestion de base de données (SGBD):**Mysql 5.0.92,

<L **Langage de script coté serveur: Php 5.2.17.**

b - CARACTERISTIQUES DU PLAN D'HEBERGEMENT INITIAL

<L La bande passante partagée disponible: 1024 Mb,

<L L'espace disque attribué: 100 MB,

<L L'outil de sauvegarde manuel: Disponible mais pas implémenté au moment du projet,

<L L'outil de sauvegarde automatique: Pas implémenté, à besoin d'être activé par l'hébergeur sous la demande de l'organisation,

⅄ La périodicité des sauvegardes: Aucune sauvegarde n'était faite même pas manuelle.

NB: Le serveur hébergeant le site supporte les langages PHP, Javascript, mais l'hébergement souscrit actuellement n'offre pas la possibilité de l'exploiter en plus le site web initial est statique donc n'utilise pas de language cote server comme PHP.

B - ANALYSE ET CRITIQUE DU SITE WEB ACTUEL

Dans cette partie nous essayerons d'abord de ressortir quelles sont les caractéristiques que doit avoir un site web pour être un site web de qualité.   Puis nous ferons une critique du site web actuel au vu de ces caractéristiques.

1 - CARACTERISTIQUES D'UN SITE WEB DE QUALITE

Un site web, pour pouvoir attendre ses objectifs de créer du trafic, se doit d'avoir certaines qualités ou caracterisques qui sont:

a - ERGONOMIQUE

C'est la qualité qu'a un site d'être utile et utilisable avec un maximum de confort et d'éfficacité. C'est à dire qu'il repond aux besoins des utilisateurs tout en etant confortable et efficace sur le maximum de peripherique (adaptabilité ou responsible design). Pour qu'un site web soit ergonomique certains principes de bases doivent être respectés comme:

- **L'objectif du site**: il doit être clair et précis, le nom et le logo de l'entreprise doivent être bien en vue, avec un résumé explicite de l'activité de l'entreprise. Il doit mettre en valeur les fonctions principales avec une page d'accueil qui doit être un point d'orientation du site et les moyens de contact de l'entreprise doivent être précis.

- **La Présentation des informations (Contenu du site):** Le contenu du site doit être bien rédigés, avec un vocabulaire centre sur le client, assez précis, les redondances doivent être à éviter, les polices de caractères et leur taille doivent être appropriées à la cible, utiliser des thèmes accrocheurs qui incitent à l'action.

- **Les liens** doivent être identifiables par rapport aux simples textes sans lien, une différence doit être perçue entre un lien que l'internaute a déjà visité et celui qu'il n'a pas encore visité.

- **La navigation** doit être aisé, la zone de navigation principale doit être à un point stratégique, de préférence juste à côté du contenu principal de la page, et cohérent dans toutes les pages du site. De préférence une répétition de la navigation principale doit être Dans le Pied de page pour rendre aussi facile que possible à l'utilisateur de trouver le contenu qu'ils cherchent sur le site. Aussi, à côté de la duplication de la zone de navigation principale, des informations supplémentaires comme des mandats de service (copyright, droit d'auteur,...) doivent être facile à trouver. Toutes les informations doivent être accessibles en moins de 3 clics. Un fil d'ariane devra exister dans chaque page de façon à ce que l'internaute puisse toujours positionner la page dans la quelque il se trouve par rapport à l'architecture du site. Si le site web est un site de ecommerce, la page d'accueil devra avoir un lien vers la fonction de panier vers ou la transaction commerciale est cloturée. Ne pas mettre en place de page "tunnel" par lesquelles il faut passer avant d'arriver au contenu principal(les animations flash,....., enregistrement inutile obligé avant d'accéder à des informations primaires) qui pourrai faire fuir les visiteurs. Une page d'accueil présentant de façon concise et sommaire tout le contenu du site, une page présentant l'ONG de façon claire et détaillée, son historique et son expertise.

- **La recherche:** Dans le but de facilité l'accès direct au contenu du site, le site doit être bien structure en catégories, disposée d'une zone de recherche par un mot ou expression clés visible dans toutes les pages si possible (très utiles surtout si le site a beaucoup de contenu dont beaucoup de pages).

- **Les images et animations:** Doivent être fortement liées aux contenus d'où elles apparaissent permettant de les mettre en valeur, avec une légende aux images et aux photos si le contexte ne suffit pas à les rendre explicites.

- **La Charte graphique:** Par ce que la première impression passe par l'aspect visuel, La charte graphique peut être un élément clé dans l'acceptation d'un nouveau produit ou service. Le site doit avoir une charte graphique assez sobre et simple. Avoir des couleurs et des éléments graphiques qui reflètent les valeurs et les marques de la société tout en ne divertissant pas l'utilisateur du site. Le site devra fournir une navigation facile et même intuitive, avoir un aspect professionnel et contenir des éléments permettant de vérifier la légalité et l'authenticité du site si elle offre par exemple certaines activités comme les paiements en ligne. La taille et le nombre des polices des caracteres doivent être raisonnable et lisible avec un contraste suffisant entre le fond et le texte, de préférence une typographique dite « à bâtons » ou « sans empattements » (Sans Serif ex: Helvetica) est très pratique et très présentable à l'écran et aussi bien lue par les mal-voyants. La largeur de la zone principale d'affichage du contenu doit être de façon à éviter le défilement horizontal tant que possible lors de la lecture des contenus. L'interface utilisateur doit être convivialement conçue en prenant en considération la satisfaction de l'utilisateur moyen. éà

- **L'adaptabilite (responsible design) :** C'est la possibilité qu'à un site de s'adapter aux besoins de l'utilisateur ouvrant le site et de s'adapter aux périphériques sur lequel il a été ouvert, de facon à fournir d'une facon ou d'une autre, le maximum d'informations disponible et de design du site à l'utiliseur. On parle de responsible web design lorsque c'est une adapta **par exemple** : Un site adaptable devra permettre que lorsqu'on l'y accede à partie d'un smartphone, que les polices de caracteres des textes du site se redimensionnent automatiquement pour s'adapter à la taille petite du smartphone, ou si un mal entendant disposant d'outils specifiant sont handicap, soit connecté à son ordinateur et accede à un audio du site, que le texte de l'audio s'affiche au lieu de l'audio, ou du moins que pour chaque audio une version texte du contenue soit disponible pour les mal-entendants.

b - <u>INTEROPÉRABLE (CROSS-BROWSER)</u>

L'interopérabilité d'un site web c'est la possibilité qu'a ce site de pourvoir s'afficher correctement sur n'importe quel pheripherique (ordinateur, smartphone, tablet,...) utilisant n'importe quel logiciel (navigateur). Lorsque qu'un site wbe est interoperable on dit qu'il a des fonctionalites de Cross-browser. L'interoperabilite d'un site web passe par :

- **Le respect des standards du web:** C'est à dire respecter les normes définies par le W3C sur les langages du web (HTML, XHTML, XML, CSS,...). Le respect des normes permet d'avoir une garantie que le site web s'affichera de facon equivalent sur tous les navigateurs conçus selon les normes du web et permet de bénéficier des dernières innovations en matiere du web mais aussi de s'assurer de la pérennité des documents dans le futur. Actuellement les normes sont le HTML 4.01, XHTML 1.0, XHTML 1.1 et HTML5 (le W3C a arrêté ses travaux sur le Xhtml2 et les a recentrés sur Html5). Le respect de ces normes permet d'avoir les avantages suivants:

    • **L'assurance de la durabilité :** Le site ne se dégradera pas rapidement au fil du temps avec l'évolution des langages et des navigateurs,

    • **L'assurance de la compatibilité du site :** Le site sera comptatible avec tous les navigateurs respectant cette norme, car la norme est universelle.

    • **La réduction des coûts et du temps de maintenance:** A l'exemple du Xhtml ou le design (fichier css) et le contenu (fichier xhtml/ html) sont dans des fichiers différents et separees, aussi le langage est rigoureux ceci permet une lecture facile du code et une mise à jour très simple du design et de la mise en forme, et par la une reduction en coût et un gain en temps de maintenance.

- **L'allègement du code et l'accélération des pages:** Avec la séparation du contenu (HTML) de la présentation (CSS), avec des images respectant un critère d'optimisation du web en thèmes de tailles appropriées pour un chargement rapide de l'image dans le site (c'est-à-dire 72 à 96 dpi comme résolution pour l'image), les moteurs de recherche auront moins de codes à parcourir pour évaluer la qualité du contenus du site ce qui facilitera le référencement.

- **L'accessibilité du site à travers son design respectant les normes :** Un nombre important de normes du web a integre la possibilite de rendre accessible son site web aux divers handicapés (visuels, moteurs, auditifs, ...). Par exemple en respectant la semantique des balises comme la balise <img>, on predispose le site web au respect des standard sur l'accessibilité.

- **Le respect de la sémantique du langage du web :** Le respect de la semantique du langage passe par :

- **Disposer d'un contenu riche et évolutif:** Car quelque soit la qualité du design d'un site, si le contenu n'est pas fournis, précis, concis et évolutif l'internaute quittera rapidement le site pour un site concurrent et aura moins de chance de revenir, c'est pourquoi un site web doit avoir un contenu riche et évolutif:

- **Disposer d'un contenu pertinent:** C'est à dire un contenu correspondant aux titres et aux rubriques qui les annoncent, permettant d'atteindre les objectifs fixés, pertinent par rapport aux normes juridiques (respect des droits d'auteurs ou aux délits tels que la diffamation,...)

- **D'un contenu Avec le moins de fautes possibles:** Car Chaque faute d'orthographes discrédite le site aux yeux de l'internaute,

- **Un contenu valorisé:** c'est à dire un contenu exclusif (avoir au moins un contenu qu'on ne trouve pas ailleurs, l'exclusivité peut se situer au niveau de l'information elle-même (à travers la spécialisation notamment), mais elle peut aussi être liée au traitement de l'information. Un contenu crédible par exemple par l'affichage des images prouvant le respect de certaines normes, L'affichage des certifications sur des domaines dont la société possède dispose des certifications sur, ou en prouvant par exemple que le rédacteur d'un contenu est une expertise en la matière.

- **Un contenu dont les sources (éditeurs, auteurs, date, support)** sont citées lorsqu'elles ne proviennent pas de l'entreprise.

- **Un contenu attratif :** Pour maintenir l'attention des visiteurs.

- **Un contenu Multilinguisme:** Un contenu pouvant etre accessible en plusieurs langues permet d'élargir le champ des visiteurs potentiels, surtout si on a des potentiels cibles utilisant d'autre langue que la langue principale du site web.

- **Un contenu utilisable:** Il s'agit d'offrir par exemple des versions de contenu imprimable diffèrent des contenus à visualiser seulement (offrir des versions pdf, .)

- **Un contenu régulièrement actualisé:** l'actualisation des contenues avec si possible les dates d'édition, de mise à jour spécifiées dans les contenu, accroit la fidelisation des visiteurs.

c - DISPOSER D'UN BON REFERENCEMENT

Bien qu'il ne soit pas sur le plan aval du site web, le référencement est un élément important dans l'accroissement du nombre de visiteurs du site web. C'est le fait de permettre aux moteurs de rechercher d'indexer le contenu du site de façon à ce qu'il soit facilement accessible à partir d'une recherche par mots clés dans les moteurs de recherche. Pour cela il faut:

- **Rédiger un contenu de qualité:** C'est à dire faire attention aux détails lors de la rédaction, éviter les contenus dupliqués ou redondants dans le site, eviter les contenus sur le même sujet avec seulement de petites variations dans les mots-clés, avoir un contenu sans fautes, avoir du contenu originale et non des copier-coller d'autres sites, bien identifier les rédacteurs des contenus quand c'est possible, surtout si ils ont une expertise dans le domaine qu'il redige. Avoir des contenus à description complète et compréhensible et minimiser les publicités dans le site car elles sont plus distrayantes.

- **Avoir un Sitemap :** Un site map est l'endroit (fichier ou page) ou est liste les pages de son site web indiquant ainsi l'organisation des contenus de son site web aux moteurs de recherches. Normallement, si le site web est bien structuré, le site map permettra d'ameliorer l'acces des moteurs de recherche au site web et accroitra dont le referencement. Les conditions suivantes sont celle dans lesquelle avoir un site map est imperatif : Le site est tres grand en nombre de pages et de contenus (Dans ce cas les moteurs de recherches peuvent omettre certaines pages recentes), le site est nouvellement mis online et a peu de liens externes vers d'autres sites et peu de lien entre eux meme (les moteurs de recherches accedent aux sites web, en suivant les liens d'une page a l'autre), si le site utilise par exemple des menus en Flash ou Javascript. On distingue 2 types de site map :

- **Le site map en HTML** qui est concu pour faciliter la navigation a l'utilisateur du site, il affiche la structure hierarchique du site (Pages du site dans l'ordre d'acces) permettant aisni aux visiteurs et moteurs de recherche de facilement acceder au site web.

- **Le site map en XML** qui est destiné aux moteurs de recherche, en effet un sitemap pour moteur de recherche est un fichier XML qui répertorie les URLs du dit site et les métadonnées complémentaires sur chaque URL (la date de dernière modification de la ressource correspondant à une URL, la fréquence estimée de modification de cette ressource, l'importance relative de cette URL dans le site web) de sorte que les moteurs de recherche explorent plus intelligemment le site. Il est utilisé par le web master pour indiquer aux moteurs de recherche les pages de leurs sites qui sont disponibles pour l'analyse. Le moteur de recherche utilisera ces informations pour optimiser le référencement du site Web.

- **S'enregistrer dans les annuaires et créer des partenariats pour echanges de liens:** S'enregistrer dans les annuaires, avoir les liens vers d'autres sites et le lien vers son site sur d'autre sites web (échanges de liens, de preference avec des sites web faisait dans le meme domaine) permet d'augmenter le nombre de liens pointant vers son site (ces liens sont appelés Back Links ou BL. Ceci permet d'accroitre sa popularité sur le moteur de recherche les plus connus.

- **Disposer d'une sécurité: Lorsque l'on parle de sécurité du site web on voit :**

  • La sécurité du site web par l'automatisation des sauvegardes de la bases de données du sitee l'application si c'est un site web dynamique, et de la partie statique du site en elle meme pour minimiser le temps d'indisponibilité du site web en cas de malfonctionnement ou d'attaque du site web et de restauration au derniere etat fonctionnel du site.

  • La sécurité en exigeant l'accès aux informations sensibles par login, mot de passe et droits d'accès.

  • La sécurité en procédant aux cryptages les informations qui sont transmis au site web à partir d'un formulaire utilisateur, pour rendre difficile voir impossible les risques de décryptage, d' interception durant leur transmission surtout quand il s'agit d'informations sensibles comme les information de carte de paiement qui ont des grand risques d'interception et de décryptage (Cross-Site Scripting). Aussi, en controlant les informations saisies par l'utilisateur de façon à ce qu'elles ne respectent que le format supporté par la base de données du site (si site dynamique) ou la partie utilisant ce formulaire(site statique) avant d'être stockées, on accroit la securite du site en minimisant les risques de corruption des données.

  • Protéger les requêtes SQL exécutées en arriere plan avec les données entrées par l'utilisateur (compte, mot de passe dans les formulaires) de façon à minimiser les risques de «SQL injection» qui est la modification d'une requête initiale par une note dans le but d'introduire des données erronées et prendre le contrôle du serveur du site ou récupérer les informations de compte de l'utilisateur ayant saisi les données.

  • Restreindre les droits d'exécution aux endroits (dans les répertoires côte serveur de l'hebergeur du site web) où certains utilisateurs ont les droits de déposer des fichiers eux même. Car un utilisateur malveillant ayant le droits de déposer des fichiers sur un répertoire du site web, pourra déposer un fichier exécutable malsain qu'il exécutera si les droits ne lui ont pas été retire et ainsi infectera le site web et ses données.

d - DISPOSER DES OUTILS D'ANALYSE, DE SUIVIE ET TRACKING

En effet, puisqu'un site de qualité ce doit d'être évolutif, il est préférable que cette évolution suive la satisfaction des utilisateurs cibles, ceci ne saurait être possible sans un outil de tracking du site et d'analyse. Un outils de Statistique, de Tracking et d' Analyse est un outil important pour l'administrateur Web ou l'analyste web pour contrôler la performance du site Web et comprendre comment l'améliorer afin d'atteindre les objectifs fixes. Avec un outils de il permettrai d'avoir cet outils on a les informations comme:

- Combien de click entrant le site reçoit? Combien de ceux-ci entrant sont de visiteurs uniques? Sous quels termes de recherche les visiteurs trouvent le site web? Quels sites Web on des echangeslient avec moi ? Quelles sont les pages les plus populaires du site? - Qui est le visiteur moyen (sa plateforme / son navigateur / la résolution de son écran)? Combien de temps met un visiteur sur le site avant de quitter le site ? Qu'elles sont les dernieres pages visités par les utilisateurs avant de quitter le site? Toutes ces informations permettent de detecter et ameliorer les problemes tel que : les informations mal positionnees, inadequate et le manque d'information dans le site sur un service ou produit pertinent de l'ONG, les liens non existants entre les pages, la mauvaise naviguation dans le site, etc en prenant en compte ces éléments sachant qu'il permet de mieux identifier ce qui intéresse les utilisateurs dans le site, et ameliorer le site pour l'offrir.

A cote des caractéristiques classiques de sites web que nous venons de citer, les sites web des organismes à but non lucratifs, ont besoin d'avoir d'autres caractéristiques spécifiques permettant de rapidement les différencier des autres sites web. Un site web d'organisme à but non lucratif se doit de **permettre de rapidement identifier la cause de l'organisation, de facilement faire des dons** et de **facilement et rapidement inciter l'internaute à l'action, de s'impliquer dans la cause de l'organisme (volontariat , partenariat, participations)**. Ceci veut dire une page definissant la cause de l'organisation qui est facilement et rapidement identifiable et comprehensible, un acces facile et rapide aux pages de dons, de voluntariat et de d'application quelconque aux activites de l'organisation.

2 - CRITIQUE DU SITE WEB INITIAL

Le site web est assez simple, le contenu est statique mais assez concis et direct, Le peu d'éléments présents sont bien positionnés : logo, bandeau graphique. Mais on remarque des la page d'accueil:

- La difficulté d'identifier le lien vers la page où les dons sont enregistrés car accessible à partir partir seulement d'une page autre que la page d'acceuil,
- L'absence d'une page donnant les information sur le volontariat,
- L' absence d'informations sur les partenaires de l'organisation,
- Absence de contenu interactif, le seul moyen de contacter l'ONG étant le téléphone et le fax, pas de possibilité de contacter à travers un formulaire de contact se qui donne l'impression que le site n'est pas vivant.
- Aucune galerie photo sur les différents activités et programme de l'ONG,
- Pas d'actualités sur les évènements en cours dans l'ONG,
- Le site web est pauvre en images et on remarque l'absence de quelques effets multimédia qui est parfois important pour accompagner la compréhension de certains textes du site web,
- Absence de file d'Ariane permettant de se positionner par rapport à une page du site et de facilité ainsi la navigation,

- Le seul message dans le site qui incite à l'action ici est libellé «Help us » qui n'est pas mis en évidence dans le site car apparait dans une seule page non page d'cceuil et est ainsi dissimulé dans les autres éléments du menu. Pourtant devrait être assez vite identifiable des autres contenus de par un design particulier.

C - CAHIER DE CHARGE DU DEVELOPPEMENT DU SITE WEB

1 - BESOINS PRÉLIMINAIRES REÇUS DE L'ORGANISATION

L'organisation nous a fait part des besoins préliminaires suivant: «Nous aimerions avoir un site web dans lequel nous pourrions inciter les gens a plus particiber et contribuer a notre cause. Nous aimerions pouvoir le faire évoluer plus tard. Nous aimerions ainsi avoir les fonctionnalités suivantes pour notre nouveau site web:

- **Formulaire de contact** pour permettre aux potentiels partenaires, volontaires et participants de communiquer avec nous à partir du site web, avec un message de confirmation automatique de réception de leur message de contact.
- **Une page des dons** assez visible des l'accès au sites,
- **La possibilité aux visiteurs de télécharger les documents** à partir de notre site web,
- **La possibilité d'ajouter des évènements et annonces au site web**,
- **La possibilité d'avoir des adresses emails sous notre nom de domaine** et de l'utiliser(au moins 3 nom de domaine).
- Un design assez attrayant que l'on pourra fair evoluer en gardant le squelette du site (en terme d'architecture).

Aussi, ils nous ont mentionné que leur objectif de concevoir à nouveau le site web est le suivant:

- Informer les potentiels partenaires, volontaires et participants sur les activités de SSYP,
- Fournir aux potentiels volontaires la possibilité d'appliquer aux opportunités de volontariat à partir du nouveau site web car jusqu'ici le contact était initié en presentiel, car le site actuel ne permet de formulaire de contact.
- Faire connaître les programmes de SSYP, les activités et ses accomplissements, à sa cible qui sont ses partenaires présents et futurs (participants aux programmes, les potentiels volontaires et les donneurs).

Les besoins préliminaires reçus de SSYP étant assez sommaire et dont pas suffisant pour avancer dans le processus de conception de ce site web, pour mieux cerner les besoins exactes et détaillés de l'organisme en thème de développement d'un nouveau site web, nous avons élaboré des cahiers de charges sous formes de formulaires que nous avons remplir de communs accord avec l'ONG.

2 - CAHIERS DE CHARGE DU NOUVEAU SITE WEB

Le site web comptera 3 cahiers de charges: Le cahier de charge du contenu, le cahier de charge fonctionnel et le cahier de charge dynamique.

a - CAHIER DE CHARGE DU CONTENU

Un cahier de charge du contenu permet de recenser les éléments contenus du futur site web, nous avons procédé par un formulaire à remplir (**voir: Annexe1 Cahier de charge du contenu**) de commun accord avec l'ONG.

A partie du cahier de charge, la structure suivante a été choisie pour le site de l'organisation.

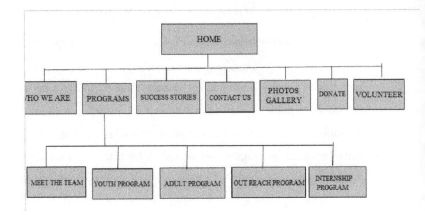

Figure 3: Structure prévue pour le futur site web

✓ **Home** est la page d'accueil qui donnera une vue général sur ce qu'est l'ONG, ses missions et ses programmes. Elle offre des liens vers la page qui détaille ce qu'est l'ONG, un menu permettant d'accéder aux autres pages et un lien vers la page des dons et du volontariat.

✓ **Who we are** présente plus en détails ce qu'est l'ONG (historique, mission,........)

✓ **Program** est la page présentant les différents programmes de SSYP avec à gauche un menu vertical et des liens vers une page donnant plus de détails sur chaque programme.

✓ **Photo Gallery, Donate et Volunteer** sont des boutons liens vers les pages des galeries photos, de volontariat et de dons.

✓ **Success story** et **Contact-us** ouvrent les pages vers une sorte de livres d'or de l'ONG des participants passés et leur histoire avec l'ONG, offre aussi des liens vers les informations de contact et formulaire de contact.

b - CAHIER DE CHARGE FONCTIONNEL

Le but de ce cahier de charge est de définir plus précisément les besoins de l'ONG en détaillant les fonctionnalités du site web et les contraintes auxquelles il sera soumis. Ce cahier a revu des modification légère au fur et à mesure du développement du site web pour respecter les exigences de l'Organisme <u>Voir</u> **Annexe2: Cahier de charge fonctionnel.**

c - CAHIER DE CHARGE DE LA PARTIE DYNAMIQUE

La conception du cahier de charge fonctionnel, et son analyse nous a permi de nous rendre compte que le site disposera d'une partie dynamique avec une base de données des actualités et évènements de l'ONG. Raison pour laquelle, nous avons un cahier de charge pour la partie dynamique.

QUESTIONS	REPONSES
Dans le contenu du site web, qu'aimeriez vous pouvoir mettre à jour ? quel est le type de cet information ?	- Les évènements et nouvelles
Quelles informations aimeriez vous stocker en ce qui concerne les données du site que vous aimeriez pourvoir mettre à jour dynamiquement?	- Le titre de l'évènement - Une description de l'évènement

	- Une date à laquelle l'évènement aura lieu
Quelles informations aimeriez vous modifiable ?	- Le titre de l'évènement - Une description de l'évènement - Une date à laquelle l'évènement aura lieu
Quelle type de modification aimeriez vous pouvoir faire sur ces données ?	- Modifier les données d'un événement déjà enregistré - Supprimer un évènement - Afficher les évènements encore en cours - Afficher tous les évènements - Afficher la liste des évènements déjà passés

De l'analyse de ce cahier de charge de la partie dynamique et du cahier de charge fonctionnel, il en ressort que : Puisque l'organisation aimerait pourvoir faire ces modifications par eux même, il faudra non seulement stocker les informations sur les évènements et les nouvelles de l'ONG, mais aussi stocker les informations sur les potentiels utilisateurs qui pourront avoir le droit de faire ces modifications. Ceci nous emmener à fait des ajouts ci-dessous au cahier de charge dynamique.

QUESTIONS	REPONSES
Quelles sont Informations à stocker en ce qui concerne les utilisateurs qui mettront à jour les données des événements et nouvelles à annoncer?	- Le login de l'utilisateur - Le mot de passe de l'utilisateur - Le prénom de l'utilisateur - Le nom de l'utilisateur
Quelles types de modifications pourront être fait sur les données d'un utilisateur?	- Afficher la liste des utilisateurs - Modifier les données d'un utilisateur déjà enregistré - Supprimer un utilisateur
Comment accèdera t'on à cette partie du site web ?	- Cette partie ne sera pas accessible au public, l'accès sera sécurisé.

Pour conclure cette analyse de l'existant, les cahiers de charges nous montrent que le site web à réaliser devra contenir deux interfaces séparées :

- **Une interface administration du site**: qui permettra aux utilisateurs préalablement enregistrés de se connecter (avec compte et mot de passe à partir de la page d'accueil de cette page d'administration) et d'enregistrer les évènements et nouvelles à diffuser de l'ONG, de les modifier et les supprimer, de créer les nouveaux utilisateurs, modifier un utilisateur existant ou le supprimer. Puis pouvoir se déconnecter après les opérations réalisées. Les informations stockées à ce niveau vont alimenter la partie dynamique du site web. Cette interface ne sera pas accessible à tous les internautes car son accès sera sécurisé par un mot de passe et un compte.

- **Une interface utilisateur**: Cette interface doit être accessible à n'importe quel internaute cherchant des informations sur l'ONG sur internet. En effet, c'est le site web publique accessible depuis le nom de domaine de l'organisme. Cette partie affichera les parties statiques et la dynamique du dit site.

PARTIE III - <u>CONCEPTION ET DEVELOPPEMENT DU NOUVEAU SITE</u>

Avant le développement proprement dit du site web, nous allons procéder à la conception du dit site web.

I - <u>LA PHASE DE CONCEPTION DU NOUVEAU SITE WEB</u>

Durant cette phase du projet, nous allons à partir des cahiers de charges établis plus haut, procéder à la conception de notre futur site web. Pour cela nous débuterons en listant les outils utilisés à cette étape de conception, puis, nous procèderons à la conception de la partir statique du site web puis de la partie dynamique. cette étape débouchera à la réalisation d'une maquette du site web à développer.

A - <u>CHOIX DES OUTILS DE CONCEPTION DU SITE WEB</u>

Pour la conception du site web, SSYP étant une organisation à but non lucratif de taille moyenne, ne dispose pas d'assez de ressources professionnelles pour la conception du site en l'instar des logiciels comme Photoshop qui est spécialisée non seulement dans la création et la retouche d'images mais aussi dans la création de formes pour construire le design d'un site. C'est pourquoi pour notre site web nous avons fait recours aux outils libres et gratuits. Ainsi nous avons utilisé:

- **Photofiltre version 6.4.0**: (Pour traiter les images, concevoir certains éléments graphiques). Photofiltre est un logiciel de retouche d'images entièrement gratuit (Bien qu'une version payante existe appele photofiltre Studio, la version gratuite offre assez de fonctionnalités pour un traitement d'images de qualité). Il dispose des outils et les filtres de base pour retoucher les images, son inconvénient réside sur son interface qui est non-personnalisable, en plus la qualité des filtres est moyenne et il n'offre pas de calques. A cette date (Aout 2014) on est a la version 10. Les calques et la transparence avec couche alpha existe depuis photoFiltre 7 sortie en Juin 2012.

- **Open Office Impress 3.2.1:** Pour concevoir la maquette du site web. C'est le logiciel de présentation de la suite bureautique gratuite **OpenOffice**. C'est l'équivalent de Powerpoint de MS Office, son format natif est l' OpenDocument (ODF), l'extension de ces fichiers est le odp. Mais il supporte aussi d'autres extension comme l'extension des fichiers powerpoint (PPT).

B - CONCEPTION DE LA PARTIE STATIQUE

1 - LE DESIGN

Le design d'un site web est la conception de l'habillage graphique du dit site Web. Il doit permettre de valoriser l'image de la société propriétaire du site ou de la marque tout en fournissant des informations claires et facilement accessibles aux internautes. Il s'agit donc dans la conception du design de trouver le bon compromis entre une présentation attrayante et une navigation évidente pour le confort de l'utilisateur. Ainsi, notre Analyse préalablement faite nous permet d'avoir les elements de design suivants :

- **Les dimensions du site web:** Les dimensions du site est la taille de l'espace qu'occupe ce site à l'écran. Le problème qui se pose dans le choix d'une taille pour le site est que la résolution d'écran qui est la taille en pixel de l'écran, influence très souvent sur la taille du site. Or nous savons que le site est conçu pour n'importe quel utilisateur donc on ne connait pas à priori quelle seront les dimensions de son écran. Choisir donc un site avec une résolution spécifique n'est pas conseillé car en fonction de la résolution de l'écran du visiteur, le rendu sera different. Si la dimension du site web est fixe, le rendu du site pourra se dégrader, on pourra perdre la visibilité de certains contenu. Au vue de ceci et après avoir constaté que de nos jours la majorité des visiteurs (85%) utilisent une résolution d'écran supérieur 1024x768 pixels et que la résolution la plus petite ayant le moins d'utilisateurs aujourd'hui est le 800 x 600 px. Confère l'image ci-dessous.

(**source:**http://www.w3schools.com/browsers/browsers_display.asp)

Date	Higher	1024x768	800x600	640x480	Other
January 2012	85%	13%	1%	0%	1%
January 2011	85%	14%	0%	0%	1%
January 2010	76%	20%	1%	0%	3%
January 2009	57%	36%	4%	0%	3%
January 2008	38%	48%	8%	0%	6%
January 2007	26%	54%	14%	0%	6%
January 2006	17%	57%	20%	0%	6%
January 2005	12%	53%	30%	0%	5%
January 2004	10%	47%	37%	1%	5%
January 2003	6%	40%	47%	2%	5%
January 2002	6%	34%	52%	3%	5%
January 2001	5%	29%	55%	6%	5%
January 2000	4%	25%	56%	11%	4%

*__Figure 4__: **Différentes** Résolutions d'écran et leur pourcentage d'utilisation dans le Monde par années.*

En réalité, le probleme de gestion de la dimension du site web peut se faire de 2 facons :
- On utilise **les media queries** qui consiste à utiliser plusieurs feuilles de styles par media en fonction de la taille, et specifier des conditions sur la taille du media lors de l'utilisation de la balise <link> dans le but de produire des affichages du site qui s'adaptent a differents peripheriques. Si vous souhaiter concevoir un site a design fluide en utilisant cette technique consulter le lien suivant: par exemple : une declaration comme ci- dessous dans la balise <head>

```
<link rel="stylesheet" media="screen" href="screen.css" type="text/css" />
<link rel="stylesheet" media="print" href="printer.css" type="text/css" />
<link rel="stylesheet" media="screen and (max-width: 480px)" href="smartphone.css" type="text/css" />
```

Prevoit afficher le site pour impression, en utilisant le design situé dans la feuille de style printer.css, si le site est ouvert à partir d'un écran de largeur 480px, il affichera le design dans la feuille de style smartphone.css (480 px est la taille en px des smartphones moyen en orientation paysage), et si le site s'ouvre sur un peripherique autre que l'ecran 480px de large ou l'imprimante, il utilisera le design dans la feuille de style screen.css.

- Ou onutilise **une seule feuille de style** et tous les changements sont mis dans cette meme feuille de style. Pour ce cas, il existe 3 techniques de design qui s'adaptent bien à toutes les résolutions actuelles:

   ▲ **Icy**: Ici le site a une largeur fixe et se colle à droite ou à gauche

   ▲ **Liquid** : Le site a une largeur fixe mais se place toujours au milieu du navigateur (**ex:** les sites www.fr.yahoo.com)

   ▲ **Fluide/ responsive design**: Le site a une largeur proportionnelle à celle du navigateur (**ex:** le site www.news.google.fr) et s'adapte à au navigateur et au peripherique(ordinateur, smartphone,…) utilisé pour y acceder .

Adans le but de ne pas créer trop de feuille de style, et pour que notre site soit accessible pour un maximum de visiteurs (toutes résolutions d'écran confondues), sans perte de contenu énorme nous avons choisi **la technique à une seule feuille de style avec un design fluide (redimensionnable ou encore responsive design)**. En effet elle reste la technique la plus maniable car le site sera conçu de façon à s'adapter automatiquement à la résolution de l'écran de l'utilisateur (il va s'adapter aux résolutions en s'élargissant ou en se rétrécissant), ce choix est aussi du au fait que notre site web d'après l'analyse ne contiendra pas beaucoup d'élément graphique qui eux sont souvent statiques et donc s'adapte difficilement à la résolution de l'écran. Mais nous nous rendons également compte que même si le design est fluide, dans la pratique pour les écrans de taille extrême (écrans très larges ou très réduits), la lecture du contenu n'est pas toujours aisée: les lignes de texte très longues sont loin de faciliter la lecture (c'est pour cela d'ailleurs que les journaux sont souvent structurés en plusieurs colonnes).

En concevant un site d'une largeur de 100% de la fenêtre du navigateur, nous obtenons des lignes de contenu interminables sur les écrans larges. A l'inverse, lorsque le site est proportionnel à un écran très petit, le site est très allongé dans sa hauteur et certains contenus sont masqués ou chevauchent lorsque certains blocs ne sont pas fluides. Avec la solution choisie, nous contournons ce problème en créant donc un design fluide «intelligent» qui sera redimensionnable automatiquement mais qui aura une largeur maximale lorsque l'écran est très grand, et une largeur minimale si l'écran est très réduit.

- Les Polices et la typographie: pour avoir choisi de concevoir notre site avec un design "fluide", chaque élément du site ou du moins la majorité devra aussi être fluide, y compris les polices qui s'y trouvent. En effet, un site très graphique, avec des dimensions fixes posera des problèmes lorsque les polices de caractères seront agrandies par exemple. Pour le site web la typographie sans empattement appelés encore les polices **sans serif** sont recommandées, nous essayons dont de respecter ces règles lors de la conception.

-Le Jeu de Couleurs: Toujours à cause du choix du design de notre site web en fluide, nous utiliserons des couleurs de fond, ou des arrière-plans répétables (par exemple une image de 1px de large qui va se répéter dans son conteneur) car des couleurs de fonds fixe en taille ne pourront pas se redimensionner lors du redimensionnement du site pour s'adapter à la résolution de l'écran. Quand au jeu de couleurs du site, Il est conseillé de ne pas utiliser plus de trois couleurs différentes (le noir et le blanc non compris) dans un site web afin de respecter le critère de sobriété. Il existe donc globalement deux façons principales de choisir des couleurs harmonieuses car elles influent sur le comportement des individus par rapport au site (**physiquement**: les couleurs peuvent créer les sensations d'appétit, de sommeil, de température du corps, etc, **émotionnellement**: elles peuvent créer des sentiments de peur, de sécurité, de joie, etc., **psychologiquement**: elle suscite le dynamisme, la concentration, etc.). Alors :

-**Soit on choisit des nuances d'une même couleur ou des couleurs de même teinte** dont **les tons sont proches,**

-**Soit en mêlant des couleurs complémentaires (chaudes et froides)** c'est-à-dire des couleurs éloignées sur le diagramme chromatique (Le **diagramme chromatique** est un plan circulaire composé de trois couleurs primaires et leurs dérivées dont les nuances sont disposées de façon à ce que les complémentaires soient diamétralement opposées). Pour deux couleurs, il suffit de choisir des couleurs complémentaires, diamétralement opposées; pour trois couleurs, les couleurs choisies doivent former un triangle équilatéral,......Pour le site web de SSYP, nous avons **adopté la méthode de mélanges des couleurs complémentaires**. Nous avons donc choisi un jeu de 3 couleurs qui correspondent aux couleurs déjà existantes de l'organisme, couleurs existantes à travers son logo et ces brochure marketing. Ici la couleur prédominante hors mis le blanc est une couleur **Bleue nuit** représentant la majeure partie de la page web, puis 2 couleurs secondaires:**le gris**(choisi car symbolise la neutralité, le respect et adapter au design des associations et organisations à but non lucratif) et une autre couleur plus vive: **le jaune** pour mettre certains éléments incitant au clic (bouton de dons, ...) en exergue.

2 - LA STRUCTURE DES PAGES DU SITE WEB

La structure type d'une page web est la suivante:

⊿ **Un en-tête** contenant le nom du site ou de la société, un bandeau de navigation et une zone prévue pour une bannière (publicitaire ou non);

⅄ **Un logo** situé en haut à gauche. Qui doit être cliquable et mèné à la page d'accueil. Le logo doit être présent sur toutes les pages aux même endroits;

⅄ **Une zone de navigation (menu)**, située à gauche, en haut et/ou à droite;

⅄ **Un corps de page**, contenant l'essentiel information du site web;

⅄ **Un pied de page** regroupant des informations utiles telles que la date de mise à jour, un lien vers un formulaire de contact, un plan d'accès, etc.

Nous n'allons pas échappé à la règle et structurerons les pages de notre site web comme suit: pour la page d'accueil , elle sera constituée:

⅄ **D'un en-tête à son tour constitue du logo**, du slogan de l'entreprise,

⅄ **D' une zone de navigation horizontale** juste après l'en tête,

⅄ **D' une diapositive à la fois automatique et manuelle** qui présentera quelques images des programmes et activités de l'organisation situées juste sous la zone de navigation,

⅄ **D'un corps de page qui contiendra l'essentiel des informations** mais scinder en 3, donc **une zone à gauche** contenant la zone de navigation de 2e niveaux pour les pages qui ont des sous niveaux de navigation et quelles information dynamique (les annonces et évènements). **Une zone centrale** qui contiendra uniquement les informations et les images spécifiques à ces informations et **une zone à droite** qui contiendra les éléments importants du site(le bouton lien vers la page des dons, le lien vers l'espace de l'organisation sur les réseaux sociaux),

⅄ **D'un pied de page primaire qui contiendra** quelques information comme les informations de contact, un lien vers la galerie photos de l'organisation,...

⋏ **D'un pied de page qui contiendra** les liens vers quelques pages importantes du sites web.

Le autres pages différentes de la page d'accueil seront elles aussi constituées de tous les éléments de la page d'accueil. Le diaporama et le pied de page primaire n'apparaitront pas sur les autres pages qui ne sont pas apge d'accueil.

⋏ **Position des informations:** Lors de la création des pages, la position des informations à son importance. Étant donné le sens de lecture des informations (en diagonale du coin supérieur gauche au coin inférieur droit), l'information située en haut de page aura plus de chances d'être lue par les internautes. C'est pourquoi nous présenterons les informations du haut vers le bas de la gauche vers la droite tout en mettant les éléments importants en debut de page.

⋏ **Symboles graphiques:** C'est l'ensemble de pictogrammes ou d'icônes utilisés dans le site afin d'établir une signalisation visuelle. Mais le choix de ces éléments doit être très minutieux car le sens d'un pictogramme perçu par l'utilisateur peut être différent d'un visiteur à l'autre. Nous utiliserons quelques pictogrammes par endroit pour signaler qu'on a à faire ar exemple aux informations de contact, ou pour signaler qu'on a à faire à un formulaire à remplir.

3 - L'ERGONOMIE

Elle peut se définir pour un site web par la capacité du site web à répondre efficacement aux attentes des utilisateurs et à leur fournir un confort de navigation. Pour donner au site de L'organisme une bonne ergonomie nous nous sommes attarder sur:

⋏ **Les éléments de navigation:** Les éléments de navigation sont des outils permettant au visiteur de savoir où il se situe dans le site, de revenir à sa page de départ et de se déplacer dans les rubriques du site. Il existe plusieurs moyens de mettre en œuvre des éléments de navigation :

- **Le fil d'Ariane** On appelle fil d'Ariane (ou chemin de fer et en anglais breadcrumbs trail), un outil de navigation constitué d'une suite de liens hiérarchisés. Il représente le chemin de navigation et permet au visiteur du site de se repérer dans le site et de remonter facilement aux rubriques principales.

- **Le menu de navigation** Permet de distinguer les rubriques dans un site web et de passer facilement d'une rubrique à l'autre. Des codes couleurs pourront également être utilisés afin de renforcer la différenciation entre les rubriques. Nous choisirons pour ce site web **une navigation par menu horizontal** donc les sous menus ou menu de 2e niveau de navigation s'afficheront sur la zone centrale gauche de chaque page et sera plutôt vertical, nous nous assurerons aussi que le visiteur n'ira pas à plus de 3 niveaux du menu pour atteindre une information.

⋏ **La Plan du site:** Un plan du site (ou carte du site, en anglais site map) permet aux internautes d'appréhender la structure ou la disposition des pages du site dans sa globalité en un seul coup d'œil. Il peut être statique ou dynamique et dans l'un ou l'autre des cas il sera soit textuel soit graphique. Nous avons opte pour un plan de site statique et textuel pour un depart ceci veut dire que nous mettrons a jour site map manuellement.

4 - LES CONTENUS

⋏ **Nous nous assurerons d'aérer les contenus**, en les constituant de paragraphes, de titres et de sous-titres de différents niveaux, hiérarchisés du plus importants au moins importants. Un formattage sera appliqué pour la mise en page et la présentation.

⋏ **L'accessibilité:** C'est la capacité du site web à être consulté universellement, c'est-à-dire par tout type d'utilisateurs, y compris les malvoyants et non voyants. Il existe un certain nombre de règles d'accessibilité simples, à respecter afin de permettre l'accès au site web au plus grand nombre de visiteurs, quelque soit leur configuration logicielle et matérielle ou leur handicap. Pour que le site web de l'organisme soit accessible: Nous avons pris en compte l'accessibilité dans la réalisation des contenus du site en procedant comme suit:

- **Le design fluide** que nous avons choisi d'utiliser permettra à la taille du site de se redimensionner en fonction de la résolution de l'écran de l'utilisateur, rendant ainsi tous les contenus du site accessible à tous les utilisateurs indépendamment de la résolution de leur écran.

- Nous offrirons la possibilité aux images du site d'avoir une description qui s'affiche à la place de l'image lorsque l'ordinateur du visiteur pour une quelconque raison ne peut afficher l'image.

- Nous permettrons que, si l'ordinateur sur lequel l'utilisateur se connecte n'a pas la police de caractères choisies pour le site web sur son ordinateur, que le site web puisse automatiquement télécharger cette police à partir de notre serveur et afficher le site chez ce visiteur avec les polices appropriées. A defaut le site prevoira d'autres polices de recours ayant des dimensions et des formes proches de la police principale de façon à ce que l'utilisation de ces polices de remplacement n'entraine en rien une dégradation de l'affichage du site web.

- Aussi, nous permettront que si le site web est ouvert sur un navigateur ou une version de navigateur pas compatible avec certaines spécifications du w3c utilisées dans notre site qu'il puisse avoir recours à une spécification de secours permettant de simuler l'effet souhaité ou du moins à afficher sans cet effet sans pour autant altérer l'affichage du contenu du site web.

- Nous permettrons à des utilisateurs ouvrant le site sur un ordinateur n'ayant pas certains logiciels requis pour l'affichage optimal de notre site , d'avoir le lien vers le site pour le télécharger ou des explications sur comment les activer. (car certains utilisateurs désactivent par exemples le JavaScript pour des raisons de sécurité dans ce cas s'il ya des fonctions javascript sur le site ils seront bloqués de s'exécuter.)

⅄ **Nous Séparerons la structure document (design) de sa présentation (contenu):** La séparation du contenu du site de sa structure facilitera grandement l'homogénéité des documents, dans la mesure où une même structure pourra s'appliquer à un grand nombre de documents Web, ceci nous facilitera la maintenance du site et nous permettra un gain en temps de maintenance et mise a jour du site web, car le changement de design (couleurs par exemple) sur plusieurs elements du site pourront se faire en une seule fois (un seul code pour changer la couleur a plusieurs endorit du site).

⅄ **Nous Respecterons le standard du W3c:** Nous nous assurerons que les pages du site web respectent les standard du W3c en thèmes de structures des pages pour cela nous feront valider chaque page sur le site par le validateur de W3c (http://validator.w3.org/).

C - <u>CONCEPTION DE LA PARTIE DYNAMIQUE</u>

Le cahier de charge de la partie dynamique nous a permis d'identifier les fonctionnalités suivantes pour la partie dynamique du site web :

- Connexion au système d'administration,
- Enrégistrement de Utilisateur,
- Enrégistrement des evenement et nouvelles,
- Listes des évènements et nouvelles en cours
- Listes des évènements passés ou en cours
- Modification et suppression des utilisateurs,
- Modification et suppression des évènements et nouvelles.

Pour Concevoir ces fonctionnalités, nous avons choisit la modélisation par la méthode **MERISE**. MERISE est une méthode de conception et de développement de système d'information qui représente les interactions entre ses différents composants et propose une description formelle. Elle est basée sur la séparation des données et des traitements à effectuer en plusieurs modèles conceptuels et physiques. Cette séparation assure une longévité au modèle. En effet, l'agencement des données n'a pas à être souvent remanié, tandis que les traitements le sont plus fréquemment. La méthode Merise préconise 3 niveaux d'abstraction :

⊿ **Le niveau conceptuel** qui décrit la statique et la dynamique du système d'information en se préoccupant uniquement du point de vue du gestionnaire. Pour notre cas nous concevrons le dictionnaire de données, le modèle conceptuel de données (MCD) et le modèle conceptuel de traitement (MCT).

⊿ **Le niveau Logique ou organisationnel** qui décrit la nature des ressources qui sont utilisées pour supporter la description statique et dynamique du système d'information. Ces ressources peuvent être humaines et/ou matérielles et logicielles. Pour notre site, nous concevrons le modèle logique de données (MLD) et le modèle conceptuel de traitement.

⊿ **Le niveau Physique** dans lequel on choisit les techniques d'implementation du système d'information (données et traitements) et on implémente son modèle dans le SGBD choisi. Le niveau physique est geré dans la development proprement dite plus bas.

1 - <u>LE DICTIONNAIRE DE DONNÉES:</u>

C'est l'ensemble des données utiles à manipuler dans la partie dynamique du site web. Le cahier de charge de contenu éffectué à l'analyse nous a permis d'identifier les données que nous présenterons dans le tableau ci dessous. Ceci n'est qu'un dictionnaire de données a l'été brut.

CHAMPS RETENUS	TYPES DE DONNEES	DESCRIPTION
- TITRE	ALPHANUMERIQUE	Le titre de l'évènement
-DESCRIPTION	ALPHANUMERIQUE	La description de l'évènement
- DATE	DATE	Une date à laquelle l'évènement aura lieu
-LOGIN	ALPHANUMERIQUE	Le login de l'utilisateur
- MOTDEPASSE	ALPHANUMERIQUE	Le mot de passe de l'utilisateur
-PRENOM	ALPHANUMERIQUE	Le prénom de l'utilisateur
- NOM	ALPHANUMERIQUE	Le nom de l'utilisateur

Figure 5: Dictionnaire de données brut de la partie dynamique du site web

La modélisation avec Merise n'admet pas les redondances, nous avons donc besoin de structurer ces données de façon à pouvoir éliminer les redondances si elles existent , organiser et regrouper les champs liés de façon à avoir un identifiant par enregistrement. Pour notre conception, nous avons ajouté un identifiant ID pour l'évenement et la nouvelle et un identifiant IDUSER pour l'utilisateur. Ceci nous conduit au dictionnaire de données simplifié suivant :

CHAMPS RETENUS	TYPES DE DONNEES	DESCRIPTION

- TITRE	ALPHANUMERIQUE	Le titre de l'évènement
-DESCRIPTION	ALPHANUMERIQUE	La description de l'évènement
- DATE	DATE	Une date à laquelle l'évènement aura lieu
-LOGIN	ALPHANUMERIQUE	Le login de l'utilisateur
- MOTDEPASSE	ALPHANUMERIQUE	Le mot de passe de l'utilisateur
-PRENOM	ALPHANUMERIQUE	Le prénom de l'utilisateur
- NOM	ALPHANUMERIQUE	Le nom de l'utilisateur
-ID	ENTIER	L'identifiant de l'évènement
-USERID	ENTIER	L'identifiant de l'utilisateur

Figure 6: Dictionnaire de données simplifié de la partie dynamique du site web

Après établissement le dictionnaire de données précedants, Un interview avec l'un des responsables de l'organisation nous a permis d'identifier les regles de gestions suivantes:

⅄   L'organisation ne va gérer en permanence qu'aux maximum 2 utilisateurs dans cette base de données puisqu'elle prévoie juste 2 personnes pour mettre à jour les annonces et évènements,

⅄   Certains évènements n'ont pas de date de réalisation en effet ce sont très souvent des annonces simples,

⅄   Un utilisateur peut créer un ou plusieurs évènements et nouvelles,

ᴧ   Un évènement ne peut être crée que par un et un seul utilisateur.

2 - MODÈLE CONCEPTUEL DE DONNÉES (MCD)

Un Modèle Conceptuel de Données est la formalisation de la structure et de la signification des informations décrivant les objets et les associations dans le domaine étudié, en faisant abstraction des solutions et des contraintes techniques d'implantation des bases de données. Il est exprimé en entité-relation Merise et comporte les concepts basiques suivants:

ᴧ   **Entité:** Modélisation d'un objet du systeme a gestion.

ᴧ   **Relation**: Modélisation d'une association entre deux ou plusieurs entités.

ᴧ   **Cardinalités**: Modélisation des participations minimales et maximales d'une entité à une relation

ᴧ   **Propriétés**: Modélisation des informations descriptives rattachées à une entité ou une relation.

ᴧ   **Identifiant:** Modélisation des propriétés contribuant à la détermination unique d'une occurrence d'une entité.

A partir du dictionnaire de données conçu plus haut, les règles de gestion, les dépendances fonctionnelles et les contraintes d'intégrité fonctionnelles, nous obtenons ceci:

ᴧ   **Entités du système à concevoir:**

      - news_events (pour nouvelles et évènements)
      - users (pour utilisateurs).

ᴧ   **Relation du système à concevoir:**

- gérer (un utilisateur gère un ou plusieurs évènements et annonces),

▲ **Cardinalités:** (*,n) vers (1,1). ce qui nous donne le MCD suivant:

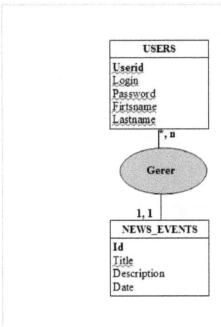

Figure 7: Modèle Conceptuel de données(MCD)

3 - MODELE CONCEPTUEL DE TRAITEMENT (MCT):

Le MCT ou modèle conceptuel de traitement modélise les activités du système. il vise les activités conditionnées par les échanges avec l'environnement, sans prise en compte de l'organisation. Ainsi, chaque activité (nommée opération) regroupe un ensemble d'activités élémentaires réalisables au sein du domaine, sans autres informations extérieures. Pour la partie dynamique du site web à concevoir, notre modèle conceptuel de traitement definit les traitements effectués de l'acces au formulaire de connexion de la page d'administration jusqu'a l'accès éffective à la page d'administration et ceux effectués pendant qu'on est dans la page d'administration du site web. Ainsi les traitements suivants sont definies:

⅄ **Traitements effectués de la connexion à la page d'administration jusqu' à l'acces à cette page d'administration :**

- L'administrateur (ou tout utilisateur) remplit le formulaire disponible à la page d'acceuil de la page d'administration, avec un compte et un mot de passe. Une fois validé, le système vérifie.

- Si l'utilisateur n'est pas en cours de connexion, si oui il vérifie si il a effectivement saisie les paramètres de connexion, si oui, il vérifie si la chaine saisie n'est pas vide, si non le système vérifie l'existence de son compte dans la base de données des utilisateurs et s'assure que son compte et mot de passe sont des vrais, dans ce cas il lui ouvre l'interface de d'administration dans laquelle il pourra gérer les annonces et évènements,

- Sinon il lui affiche un message d'erreur spécifique en fonction de son type d'erreur (aucun champs saisi, champ vide saisie, mauvais compte ou mot de passe, connexion impossible car vous êtes encore connecté, ….....). Le MCT de ce traitement est d onc le suivant:

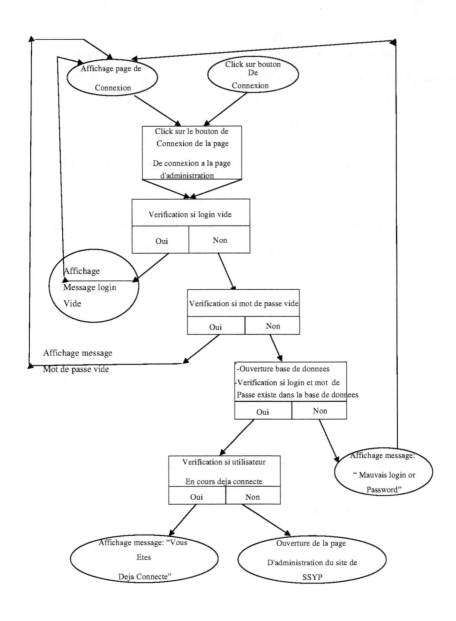

Figure 8: MCT de l'acces à la fenêtre de connexion à l'acces à la page d'administration

⋏ **Traitements effectués lors de l'ajout d'un utilisateur, d'une annonce et d'un évènement.** L'utilisateur doit d'avance être connecté pour le faire :

- Une fois cliqué sur le menu d'ajout d'un utilisateur ou d'une annonce/évènement, le formulaire d'ajout s'affichera et l'utilisateur, devra saisir les informations du formulaire,

- Puis Cliquer sur un bouton pour les envoyer, puis le système devra vérifier si tous les champs sont remplir et si les données entrées correspondent aux formats définis, si oui alors un nouvel enregistrement sera crée et les données saisies y seront enregistrées et un message lui signifiant que l'enregistrement à bien été fait lui sera affiché avec la possibilité de retourne directement pour faire un nouvel enregistrement.

- Sinon un message spécifique à son erreur de remplissage (champ vide, champ ne remplissant pas les formats définis,...)lui sera envoyé lui demandant de remplir correctement les formulaires

⋏ **Traitements effectués lors de la suppression d'un utilisateur, d'une annonce ou d'un évènement :** L'utilisateur doit tout d'abord déjà s'être connecté *à* la page administrative pour pouvoir le faire

- Une fois cliqué sur le menu de suppression d'un utilisateur ou d'une annonce/évènement, une liste de sélection contenant la liste des utilisateurs / des annonces et évènements lui sera affichée et il pourra ainsi sélectionner l'utilisateur voulu et le supprimer de la base en cliquant sur le bouton de suppression, mais avant la suppression définitive un message lui sera envoyé lui demandant de confirmer la suppression.

- S'il confirme, alors l'utilisateur / l'évènement sera supprimé de la base. Et un message de confirmation de suppression suivra avec possibilité de retour à la page de suppression, pour supprimer un autre enregistrement si besoin.

- Sinon, l'utilisateur rentrera sur le formulaire et pourra changer sa sélection.

⋏ **Traitements effectués lors de la mise à jour d'un utilisateur ou d'une annonce/ évènement:** L'utilisateur doit d'abord être connecté pour pouvoir le faire,

- Une fois clique sur le menu de suppression d'un utilisateur ou d'une annonce/évènement, une liste de sélection contenant la liste des utilisateurs/des annonces et évènements lui sera affichée et il pourra ainsi sélectionner l'utilisateur voulu et le supprimer de la base en cliquant sur le bouton de suppression, mais avant la suppression définitive un message lui sera envoyé lui demandant de confirmer la suppression.

- S'il confirme alors l'utilisateur / l'évènement sera supprimé de la base. Et un message de confirmation de suppression suivra avec possibilité de retour à la page de suppression, pour supprimer un autre enregistrement si besoin.

- Sinon il rentrera sur le formulaire et pourra changer sa sélection

4 - <u>MODÈLE LOGIQUE DE DONNÉES (MLD)</u>

Le MLD consiste à la transformation des entités en tables et à la détermination des clés étrangères. Dans notre cas, l'entité **new_events** et celle **users** seront des tables et la clé **userid** migrera de la table **users** pour devenir clé étrangère dans la table **news_events** à cause de la **relation (*,n) vers (1,1)** existant entre les 2 entitées, une **relation de type père - fils**. Le modèle logique obtenu est le suivant:

⋏ **new_events(<u>id</u>,** title, description,date,#**userid)**

⋏ **users(<u>userid</u>,** login,password,firstname, lastname)

Le schéma du MLD decoulant est le suivant :

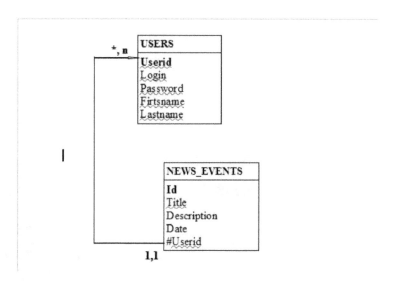

Figure 9: Modèle Logique de données(MLD)

5 - CONCEPTION ET REALISATION DE LA MAQUETTE

Étant à la fin de l'étape de conception (de la partie statique et de celle dynamique) de notre site web et ayant les idées claires sur les fonctionnalités et comment sera notre futur site web, nous allons créer une maquette de l'interface utilisateur, la maquette nous permettra de faire valider les fonctionnalités et l'aspect physique du futur site web par l'organisation. Pour cela nous avons d'abord conçu une maquette manuelle(avec une feuille et un papier) pour une première validation , puis nous avons procèdé à la réalisation d'une maquette fait à partir de Open Office **Impress 3.2.1** avec l'appuie de PhotoFiltre que nous avons aussi fait valider avant de débuter le développement du site web. Puisque l'analyse nous a permis de déceler que la page d'accueil aura un design différent à quelques éléments près des autres pages, nous avons donc réalisé une maquette du site web constituée de 2 modèles différents:

✓ **Une maquette modèle pour la page d'accueil:**

Figure 10: Maquette modèle page d'accueil site web

✓ **Une maquette modèle pour les autres pages du site web**

Figure 11: Maquette modèle pour les autres pages du site web

II - PHASE DE DEVELOPPEMENT DU NOUVEAU SITE WEB

Cette partie a pour objectif majeur de présenter l'environnement dans lequel le site à été développé (matériels , logiciels et langage utilisé pour le développement) et de présenter les solutions techniques utiliser pour réaliser ce qui a été présenté a l'étape de conception, puis de montrer quelques résultats finaux du site web développé.

A - L'ENVIRONNEMENT DE DEVELOPPEMENT

1 - L'ENVIRONNEMENT MATERIEL

Le developpement d'un site web se fait initialement sur un ordinateur local qu'on peut appelé environnement de developpement, avant la mise en ligne chez l'hebergeur. Il est question ici de s'assurer d'avoir un produit respectant au moins 90 % des qualites du site web final qu'on aimerait avoir avant de le mettre en phase de production à disposition des utilisateurs. Ainsi l'environment materiel sur lequel le site devra se developper devra etre capable de supporter les caracteristiques du dit site web afin de nous permettre de mieux le tester en local avant la mise en ligne. Pour la réalisation d'un site web, l'ordinateur de development devra être de preference un ordinateur recent ou de preference avec des caracterisqtiques (Processeur, Disque dur, RAM) pouvant supporter la taille du site a mettre sur pied, quelque soit le système d'exploitation (Windows, Linux , MAC) qui y est installé. Pour ce project nous avons utilisé :

- ✓ Un ordinateur ACER ASPIRE 5251,

- ✓ Microprocesseur: AMD V120 Processeur 2,20Ghz de processeur

- ✓ Système de fichiers de type 64 bits

- ✓ Mémoire Vive (RAM): 4 GB de RAM,

- ✓ Espace Disque dur: 750Go ,

- ✓ Système d'exploitation: Windows 7 Home premium Service pack

2 - ENVIRONNEMENT LOGICIEL

Afin de tester son fonctionnement pendant son developpement, le site web doit etre developpé sur un ordinateur local pouvant jouer le role de serveur web afin que ce dernier puisse afficher le site web. Le plus souvent les outils professionnels comme Dreamweaver, Photoshop sont utilisés pour developer le site web. Ainsi il doivent etre installer sur l'ordinateur afin de pouvoir l'utiliser. Mais avant l'installation du logiciel de developpement des pages web du site, le logiciel qui permet de donner a l'ordinateur la possible d'heberger les sites web doit etre installé, on parle du logiciel serveur web. Comme dit plus haut, les ONG ne disposent pas tres souvent d'outils professionnels qu'on appele outils WYSIWYG (What you see is what you get ex: Dreamweaver,....) et le developpement du site web est tres souvent fait avec des logicielslibre et gratuiy. Pour ce site web, nous avons choisi les logiciels suivants :

- **WAMPserver2.2D:** C'est le logiciel serveur web (téléchargeable à http://www.wampserver.com/): Necessaire pour simuler l'environnement ou le site web sera hébergé (environnement serveur web) pour la phase de développement, nous avons donc choisi d'installer WAMP serveur sur notre ordinateur local qui, en plus du serveur web Apache 2.2.21, installe le PHP 5.3.9 et offre le serveur de base de données MySQL 5.5.9 en une seule installation. Plus les outils de gestion de la base de données comme PhpMyadmin.

- **KOMODOEDIT 6:** C'est un éditeur de code. Il nous a servi pour l'éditer les codes sources des pages du site web, son choix c'est tout d'abord basé sur le fait qu'il est gratuit, adapté pour les petits projets et il supporte la majorité des langages parmi lesquels ceux que nous allons utiliser (HTML5, php , CSS 3, JAVASCRIPT). Il dispose d'un interface claire et simple. En effet il met à disposition une série d'outils qui nous facilite le traitement et écriture des codes sources : coloration syntaxique, enregistrement de macros, incrémentation, etc.

- **LA BOITE À COULEURS DE BENJAMIN CHARTIER**: C'est un logiciel gratuit. Il nous a été utile pour capturer et identifier le code des couleurs à utiliser dans le site web. En effet, c'est un logiciel dédié à la récupération des codes couleurs en héxadecimal ou html à partir de n'importe quelles fenêtres sur son écran en un simple click. Indispensable pour le design et le developpment du site web. Il nous facilite la tache en nous permettant d'avoir exactement et facilement les codes de couleurs que nous rencontrons au quotidien et souhaitons utiliser dans notre site web.

3 - LANGUAGES DE PROGRAMMATION ET OUTILS UTILISÉS:

- **Le HTML 5 :** C'est la plus récente révision majeure du HTML. Le HTML est le format de données conçu pour représenter le contenu des pages web. Il spécifie deux syntaxes d'un modèle abstrait défini en termes de DOM: HTML5 et XHTML5. Il comprend une couche application avec de nombreuses API (donc quelques unes sont: le Web Storage, leWeb Workers, la géolocalisation, les Canvas, les Offline Web Applications, le Drag & Drop, les Server-Sent Events, les Web Sockets, les Web Messaging, History,..), ainsi qu'un algorithme afin de pouvoir traiter les documents à la syntaxe non conforme. Une finalisation de ce langage est prévue pour cette annee (2014). L'une des principales et première différence visible entre le HTML5 et un html des versions antérieures est que: Contrairement aux anciennes versions du Html, le HTML5 introduit une plus forte présence de la sémantique, avec de nouveaux éléments pour baliser le contenu les éléments : **Ci-dessous quelques nouvelles balises introduites avec le HTML5 et leur rôle :**

- **Section**: pour les sections tels que les chapitres, en-têtes, pieds de page, ou toutes autres sections du document.

- **Article:** balise partie indépendant du site, comme un commentaire.

- **Aside:** balise associée à la balise qui le précède.

- **Header:** balise spécifiant une introduction, ou un groupe d'éléments de navigation pour le document.

- **Footer:** balise définissant le pied de page d'un article ou un document. Contient généralement le nom de l'auteur, la date à laquelle le document a été écrit et / ou ses coordonnées.

- **Nav:** balise définissant une section dans la navigation.

- **Figure:** balise définissant des images, des diagrammes, des photos, du code etc...

- **Figcaption:** légende pour la balise <figure>.

- **Audio:** balise pour définir un son, comme la musique ou les autres flux audio (streaming).

- **Video:** balise pour Insérer un contenu video en streaming.

- **Track:** balise pour Insérer un sous-titre (**au format** WebVTT) à une vidéo affichée avec la balise vidéo.

- **Embed:** balise définissant un contenu incorporé, comme un plug-in.

- **Mark:** balise définissant un texte marqué.

- **Meter:** balise Permettant d'utiliser les mesures avec un minimum et maximum connus, pour afficher une jauge.

- **Progress:** balise définissant une barre de progression sur le travail en cours d'exécution.

- Time: balise définissant une date ou une heure, ou les deux. Cette balise a été abandonnée en octobre 2011 en faveur de la balise data2 avant d'être réintroduite3.

- Canvas:balise utilisée pour afficher des éléments graphiques, il faut utiliser un script pour l'animer.

- Command :balise définissant un bouton.

- Details : balise précisant les détails supplémentaires qui peuvent être masqués ou affichés sur demande.

- Keygen : balise permettant de générer une clé (sécurisé) .

- Output :balise représentant le résultat d'un calcul.

- ruby, rt et rp : annotation ruby dans le document Html

On peut dire que la majorité du contenu Html ecrit en HTML5 est désormais balisé avec soin pour être exploitée, indexée et triée. Ce qui améliore le référencement, rend le site plus accessible car les plug-ins propriétaires qui demande une installation du plugin externe vont être remplacés par les plu-gins directement intégrés au HTML5 et utilisable sous un balisage, à l'exemple de la balise <Canvas>, les éléments média <video> et <audio>. Un autre élément qui différencie les anciennes versions du HTML et le HTML5 au niveau du code source est la déclaration de la DOCTYPE elle est simple, moins longue n'est pas sensible à la casse et il n'y a plus de référence à une DTD . En effet la declaration de DOCTYPE /DTD specifie au navigateur quelle version de html le document en cours est ecrit en. Ci-dessous le contenu d'un document html5 minimal :

```
<!doctype html>
<html lang="fr">
<head>
  <meta charset="utf-8">
  <title>Titre de la page</title>
  <link rel="stylesheet" href="style.css">
  <script src="script.js"></script>
</head>
<body>
  ...
  <!-- Le reste du contenu -->
  ...
</body>
</html>
```

Une fois la structure de base preparée, les balises spécifiques au html5 comme le
<header>,<footer>,<article>, <section>, <nav> et <aside> et les autres citées plus haut
seront ajoutées dans la balise <body> du document pour apporter une précision des
caractéristiques de sectionnement et de position et améliorer la qualité de la structure
de la page html et par là l'expérience utilisateur.

- **Le CSS3:** Appelé Cascading Style Sheets ou feuilles de style en cascade est un
langage informatique qui sert à décrire la présentation des documents HTML et XML.
Les standards définissant le CSS sont publiés par le World Wide Web Consortium
(W3C). L'un des objectifs majeurs des CSS est de permettre la mise en forme hors du
document html. Le CSS3 permettra de ne décrire que la structure du document en
HTML et de décrire toute la présentation dans la feuille de style CSS séparée. Les
styles sont appliqués au dernier moment, dans le navigateur web des visiteurs qui
consultent le site. Cette séparation fourni un certain nombre de bénéfices, permettant
d'améliorer l'accessibilité, de changer plus facilement de présentation, et de réduire la
complexité de l'architecture du site web. Ce qui facilite la maintenance du site, accroit
son éfficacité car la conception du site se fait dans un premier temps sans se soucier
de la présentation et facilite le changement du style de présentation du site selon le

périphérique de sortie. Un fichier de feuille de style est constitué de ligne de style comme ci dessous.

```
sélecteur {
propriété: valeur;
}
```

Où **selecteur :** est une ou plusieurs nom de balises du document html5 separées par des virgules, ou une ou plusieurs valeur de l'attribut id dans le document html, etc.

Propriétés : est la propriété qu'on veut appliqué à la balise

Value: la valeur donnée à cette propriété.

Example : le code css suivant

```
body {
 background-color: white;
}
```

affectera au **corps du document html5** une **couleur de fond blanc.**

- **Le JavaScript:** C'est un langage de programmation qui est inclus dans le code HTML. Il permet d'apporter des améliorations au langage HTML en permettant d'exécuter des commandes. Le code Javascript est exécuté sur le navigateur du visiteur du site si celui ci l'a activé. Nous utiliserons ce langage dans le développement de notre site web pour le contrôle des formulaires de contact, d'acces à la page d'administration du site.

- **Le Jquery:** C'est une bibliothèque Javascript libre qui porte sur l'interaction entre le JavaScript(comprenant AJAX) et le HTML, elle a pour but de simplifier des commandes communes du Javascript. Nous l'avons utilisé pour créer une animation entre les images de la page d'accueil faisant effet de diapositive a la page d'acceuil du site web.

- **Le Mysql:** C'est un système de gestion de base de données relationnelle. Il permet le stockage des données structurées. Nous l'utiliserons pour stocker les données des évènements, annonces, nouvelles et des utilisateurs qui les administreront les annonces publies dans le site web. La version **Mysql 5.5.9** est celle qui sera utilisée pour notre site web.

- **Le PHP**: C'est un langage compilé (pour les versions superieur à la version 5) et exécuté du côté serveur (comme les scripts de CGI, ASP,...) et non du côté client (comme le JavaScript ou une applet Java s'exécute sur l'ordinateur de l'utilisateur). La syntaxe du Php provient de celles du langage C, du Perl et du Java. Le php permet à l'ordinateur sur lequel il est installé de pouvoir gérer les pages dynamiques. Il fait ainsi de cette machine un serveur php. Celui ci doit d'abord être un serveur web pour arriver à interpréter les pages php. Nous utiliserons le **PHP 5.3.9.**

Pour developper le site web, Nous avons installé un serveur php 5.3.9 sur notre ordinateur local à travers Wamp2.2D pour pouvoir tester les pages php. Les codes php sont utilisés pour accéder ou récupérer les données des annonces et évènements de l'organisation saisies à partir d'un formulaire pour le stockage dans la base de données, puis également pour la restitution de ces informations de la base de données pour affichage dans les pages du site web. Il existe aujourd'hui plusieurs moyens de connexion à la base de données Mysql en utilisant le PHP:

- **L'extension mysql_:** Ce sont des fonctions Php qui permettent d'accéder à une base de données MySQL et donc de communiquer avec MySQL. Leur nom commence toujours par mysql_. Toutefois, ces fonctions sont vieilles et ne sont plus recommandés aujourd'hui.

- **L'extension mysqli_:** Ce sont des fonctions php améliorées d'accès à MySQL. Elles proposent plus de fonctionnalités et sont plus à jour.

⤷ **L'extension PDO :** C'est un outil complet php qui permet d'accéder à n'importe quel type de base de données. On peut donc l'utiliser pour se connecter aussi bien à MySQL que PostgreSQL ou Oracle, etc.

Pour nos accès à la base de données Mysql pour ce site web en utilisant php nous avons dont opté pour l'utilisation de **l'extension PDO**.

B - <u>STRUCTURE D'UNE PAGE DE NOTRE SITE WEB:</u>

Ci dessous une structure de la page d'accueil du site de SSYP développé en respectant les éléments décrits à la phase de conception. Nous l'avons conçu de façon à ce qu'elle respecte les spécifications faite à l'étape conception . **La structure de notre site web ou le contenu general de la page d'acceuil de notre site est le suivant (fichier html):**

```
<!DOCTYPE html>
<html lang="fr">
    <head>
     <!--gestion des compatibilités des propriétés-->
     <!--gestion des compatibilités des propriétés inline block  du Html5 avec Ie6 et 7-->
     <!--gestion des compatibilités des propriétés des balises structurales header,nav,.... avec Ie6 et 7-->
     <!-- gestion des compatibilités des propriétés inline block avec Ie6 et 7-->
     <!--gestion des compatibilités des propriétés  min-width and max-width de html5 width Ie6 et 7-->
     <!-- gestion des compatibilités des propriétés max-width si  javascript n'est pas activé sur  Ie6 et 7, da
     <!--Si la fenêtre dépasse 1002px, elle sera ramenée à 1000px. Si elle est inférieure à 602px, elle sera ram

     <!-- déclaration librairie jquery de diapositive-->
    </head>
    <body>
     <div id="main_wrapper">
      <header>
       <div id="logo">
          <!--logo ici-->
       </div>
          <!--slogan-->
       <div class="rectangle">
        <nav>
           <!-- menu de navigation ici -->
        </nav>
       </div>
      </header>
```

```
<div id="slidder-wraper">
    <div id="slideshow">
<!-- images du diaporama ici-->
    </div>
</div>
<div id="filariane">
        <!--gestion fil ariane ici-->
</div>
<section>
<div id="center-wrap">
    <div id="left">
        <div id="menusecond">
            <!-- menu secondaire s'il yen a un-->
        </div>
        <div id="new">
            < !-- contenu dynamique ( annonces et évènements)-->
        </div>
    </div>
    <div id="center">
            <!-- center containt-->
    </div>
    <aside>
        <div id="get-involve1">
            <!-- donatebutton link-->
        </div>
        <div id="get-involve2">
            <!-- social network link-->
        </div>
        <div id="get-involve3">
            <!-- volunteer button link-->
        </div>
    </aside>
    </div>
</section>


<section>
<div id="bfooter-wrap">
    <div id="bfoot1">
        <!--  lien vers information programme fondateur de SSYP-->
    </div>
    <div id="bfoot2">
<!-- lien vers galerie photo-->
    </div>
    <div id="bfoot3">
<!-- information contact-->
    </div>
    </div>
</section>
    <footer>
    <!-- menu du pied de page-->
    </footer>

</div>
</body>
</html>
```

NB: Les balises < !- -   **something** -- > dans la structure ci dessus indique sous forme de commentaire Html les details mises dans cette partie dans la structure detaillée du site web.

C - <u>DEVELOPPEMENT DU SITE PROPREMENT DIT</u>

1 - <u>DEVELOPPEMENT DE LA PARTIE UTILISATEUR DU SITE</u>

- **Côté dimensions du site web :** Pour obtenir un **Design fluide « intelligent »** qui se redimensionne de 90% par rapport à la résolution de l'écran qui l'ouvre (ce qui donne une marge gauche plus une marge droite partagée dans les 10% restant) mais qui restera à 1000 px de largeur maximale si la résolution de cet écran est supérieure à 1000px, et à 700 px si sa résolution est inférieur à 700px. Nous avons utilisée le code css3 suivant:

```
#main_wrapper
{

    width: 90%;
    max-width: 1000px;
    min-width: 700px;
    margin: auto;

}
```

Nous aurons pu prendre un largeur maximale de 1024px et une largeur minimale de 760 px au lieu de 1000 px et 700 px, mais cela ne pose pas de problèmes que nous

---

soyons restés juste en dessous de ces dimensions (qui sont les dimensions d'écran les plus utilisés en ce moment), ce qui est important dans ce bout de code est que les largeurs minimales et maximales du site sur écran se limitent lorsque la résolution de l'écran l'ouvrant est trop grande ou trop petite. Cette propriété Css permet de le faire : **min-width** et **max-width**.

- **Concernant les polices et typographie:** Nous avons choisi de concevoir notre site avec un design "fluide", et aussi pour éviter que lors de l'ouverture du site sur une résolution grande, l'aspect du site soit altéré à cause de la police de caractères qui s'est agrandi de façon anormale. Nous avons utilisé la taille de polices dans le site en **unité em**. Le **em** est une **unité relative** qui s'adapte aux résolutions de l'ecran qui affiche le site et se base aussi sur la taille du texte par défaut indiqué par l'utilisateur dans les préférences de son navigateur. Il permet d'avoir une taille de texte proportionnelle à la taille de texte de l'élément parent. Par exemple un paragraphe dont la taille du texte serait **2em**, __le code css3 sera__ : font-size:2em ; un paragraphe pareil aura un texte deux fois plus haut que le texte de l'élément qui contient ce paragraphe. On aurait pu dimensionner en % car c'est toujours une unité fluide ou relative. Le choix des polices et typographies s'est basé sur:

    ⌁ **La taille du texte par défaut du navigateur** : En spécifiant dans le fichier css de notre site cette règle :

```
html{  font-size:100% ;}
/*
```

Qui s'applique sur la balise <html> du site web. Nous evitons de nous soucier de la valeur de police par défaut spécifiée dans le navigateur de l'utilisateur. Ce qui fait que, quelque soit la police dans le navigateur de l'utilisateur la police de taille 100% sera celle utilisée pour le site et non celle specifiée dans le navigateur de lutilisateur.

⅄ **La taille « globale »:** En utilisant le code css3 suivant,

```
body { font-size: 1em;}
```

La taille globale pour tous les elements fils de l'élément <body> de notre page web est fixé à 1 em. Cette taille de texte globale sera proportionnelle à la taille du texte par défaut du navigateur à cause de l'unite de mesure **em** utilisée. Cette unité de mesure est relative à la taille du texte. Dans notre cas la taille de texte globale sera égale à 1 fois 100% (100 % etant la taille du texte par défaut définie dans l'élément html avec font-size=100%), soit 100% de la taille du texte par défaut. Il est conseillé de garder la taille de texte globale pas trop basse, de préférence comprise entre 0.75em et - 1em.

⅄ **Le font-size:** La valeur 100% spécifié pour l'élément <html> pour la taille par defaut du navigateur. Ceci permet aussi de corriger un bug d'Internet Explorer, bug qui rend « anarchique » le redimensionnement du texte à la volée dans ce navigateur. Car Internet explorer a du mal à gérer les tailles de texte en **em** si aucune déclaration en pourcentages ne les précède.

⅄ **Les fontes (polices de caractères choisies pour le texte):** En effet la police de caractères influence sur la taille de caractères, car 2 polices différentes auxquelles on affecte à chacune une taille de **1 em** auront les grosseurs différentes ou polices de caractères differentes. Pour faire face à ca, nous avons:

- **Dans un premier temps,** fait le choix d'un ensemble de polices « globale » pour l'ensemble du site web, en s'assurant que la différence de grosseurs à égale **''font-size''** est très faible (on parle de polices semblables) en mettant le code css3 suivant pour le <body> de notre document html5:

- Nous avons choisi cette famille de polices car le **Calibri** est la police principale réclamée par l'ONG pour la réalisation de leur site web et donc nous avons cherché les polices proches de celui ci pour former une famille de polices. Il s'agit des polices Candara, Segoe, Segoe UI, Optima, Arial, Sans-serif. De plus le choix de la police devrait tenir aussi compte de la **popularité de la police** (c'est à dire que la police doit être assez répandues sur les ordinateurs des utilisateurs). Malheureusement la police voulue par l'ONG (Calibri)est une police sans serif propriétaire à Microsoft. Elle fait partie des six polices introduites avec Windows Vista en remplacement de la police Arial, et est également incluse dans Microsoft Office 2007 et Microsoft Office 2010 (police par défaut). D'où la difficulté de l'avoir sans avoir sous son ordinateur un système Windows et même spécialement les logiciels Windows qui l'embarque. C'est pourquoi nous l'avons télécharger et l'installer sur notre serveur et écris un code css3 tel que lorsque l'ordinateur de l'utilisateur n'aura pas cette police sur son système, la police sera téléchargé automatiquement sur notre serveur et sera utilisé pour l'affichage du site sur l'ordinateur du visiteur: le code css3 utilisé pour permettre cette action est le suivant:

```
@font-face
{
  font-family: 'Calibri';
  src: url('../polices/calibri.ttf'), url('../polices/calibrib.ttf') format('truetype'),
       url('../polices/calibrii.ttf') format('truetype'), url('../polices/calibriz.ttf') format('truetype');
}
```

La police **Calibri** en elle-même a été telechargée online et copiée dans un dossier nomme **polices** située à la racine de notre site web, c'est-à-dire au même niveau hierarchique que le **fichier Css** contenant la feuille de style , et le fichier **Javascript contenant le javascript**. Raison de la localisation **url(../polices/calibri.ttf)** dans la code css ci-dessous. **Calibrii.ttf** étant le fichier de la police de caractères Calibri en question.

⅄ **Jeu Couleurs:** Toujours à cause du choix du design fluide, et dans le but de ne pas avoir une couleur d'arrière plan du site web qui ne pourra pas se redimensionner pour s'adapter à un écran de grande résolution, nous avons concu un fond d'écran à partir d'une couleur d'arrière plan de petite taille répétées en fonction de la résolution de l'écran sur la longueur et sur la largeur de l'écran. Et comme dit plus haut les couleurs: bleue nuit, jaune et gris on été choisi comme couleurs dominantes sur le site de l'ONG, avec un fond de contenu de couleur blanche et arrière plan de couleur grise). Les propriétés css suivantes ont été utilisées pour cela au selecteur ou à la balise body: àéèêùûú

```
background:url(../images/bgcolorribbon.jpg) repeat-x;
```

Pour cela l'image bgcolorribbon.jpg dans le code css ci-dessus, est une image de petite taille préalablement conçu et qui se répète pour que la couleur d'arriére plan se redimensionner en fonction de la résolution de l'ecran du visiteur.

```
background-color:#ffffff
```

Ce code css nous a permis de donner une **couleur unique à tout l'arriere plan** du site web, le chiffre #ffffff étant la réprésentation hexadecimal de la couleur blanche.

```
color:#000000;
```

Et celui-ci nous a permis de donner une **couleur de police**. Le chiffre #000000 étant la réprésentation hexadecimal de la couleur noire.

- **Accessibilité des contenus:** Ayant utilisé le langage HTML5 qui n'est pas encore pris en compte par tous les navigateurs, particulièrement pour certaines balises, la gestion de l'accessibilite ici consiste à permettre au site web developé d'être accessible sur la majorité de navigateur ceci passe par :

⋏ **Gestion des balises non encore supportées par certains navigateurs:** Chaque fois que des éléments ou balises html5 non encore supportés par certains navigateurs sont utilisés, nous devons nous assurer d'ajouter un code qui simulera le même comportement sur les navigateurs ne supportant pas cette balise, ou d'ajouter un code qui permettra de créer le même effet sur les navigateurs ne supportant pas cette balise. Puisque les éléments de structure HTML5 comme <header>,<nav>,.... que nous avons utilisés dans le site web de l'ONG ne sont pas supportés par Internet explorer 6 et 7. Pour pallier à cela nous avons intégré dans la page web un commentaire conditionnel qui ne s'exécute que si le site est ouvert sur Internet explorer 6 ou 7:

```
<!--[if lt IE 9]>
    <script src="http://html5shiv.googlecode.com/svn/trunk/html5.js"></script>
<![endif]-->
```

Ce code (en commentaire conditionnel) ci dessus va lire les instructions pour interpréter les nouveaux éléments de HTMl5 (header, nav, aside...) et les permettre d'être compris par Internet Explorer version inférieur à 9. é

⋏ **Gestion de la compatibilité de la propiété css « display : inline-block » avec Internet explorer 6 et 7**: Le menu du site web étant concu à partir d'une liste à puces transformée en liste horizontale pour avoir le menu horizontal du site, la propriété css3 **display: inline-block** a été utilisée. Cette propriété n'est pas reconnue par Internet explorer 6 et 7. Nous avons donc ajouté dans la page HTML le commentaire conditionnel suivant:

```
<!--[if lte IE 7]>
    <link rel="stylesheet" href="css/style_ie.css" />
<![endif]-->
```

Ce commentaire pointe vers une feuille de style nommée **style_ie.css**, son contenu permet à Internet explorer 6 et 7 d'interpreter le comportement de la propriete **display: inline-block**. Le fichier **style_ie.css** doit être téléchargé et copié dans le repertoire css du site web afin que ce code puisse être fonctionnel.

⅄ **Gestion de la compatibilité de la propriété css min-width et max-width avec internet explorer 6 et 7**: Internet explorer n'interprete pas la propriété css min-width et max-width qui est utilisée pour donner la largeur minimale et maximale a une page web, comme nous l'avons utilisée nous avons inséré le commentaire conditionnel qui permettra sa reconnaissance par Internet explorer, et qui gèrera aussi le cas ou Javascript n'est pas activé sur le navigateur du visiteur pour que le site ne s'affiche pas dans un état altéré.

```
<!--[if lt IE 7]>
    <style type="text/css">     div {       width: 700px;
    width: expression(document.body.clientWidth <= 702? "700px" :
document.body.clientWidth >= 1002? "1000px" : "auto");
    }
    </style>
<![endif]-->
```

⅄   **Gestion de la compatibilité de la propriété css « box-shadow » avec le maximum de versions de navigateurs**: La propriété css3 « **box-shadow** » permet de donner des l'ombre à un élément bloc du site web. Sachant qu'il n'est pas compatible avec tous les versions de navigateurs, pour l'utiliser dans le documents css3 nous avons ajouté ses équivalent préfixés comme suit :

```
box-shadow: 0px 0px 4px rgba(0,0,0,0.55);
-moz-box-shadow: 0px 0px 4px rgba(0,0,0,0.55);
-webkit-box-shadow: 0px 0px 4px rgba(0,0,0,0.55);
```

La 1ere règle dans le code css ci dessus permet au navigateurs **IE9+, Firefox 4, Chrome, Opera** de supporter et d'interpreter l'effet d'ombre. La 2eme ligne de code permet à **Firefox 3.5, 3.6** de mieux interpreter cet effet d'ombre de la propriété box-shadow et la 3eme ligne permet au navigateur **Safari** de supporter cette propriété.

⊾ **Gestion de la compatibilité de la propriété css « border-radius » avec le maximum de navigateurs**: La propriété css3 « **border-radius** » permet de donner des coins arrondis à un élément bloc du site web. Lui aussi n'etant pas compatible avec tous les versions de navigateurs, pour l'utiliser dans le documents css3 nous avons ajouté sont équivalents préfixés comme suit :

```
-border-radius:66px;
-moz-border-radius:66px;
-webkit-border-radius:66px;
-khtml-border-radius:66px;
```

Ce qui permet la compatibilite avec **IE9+, Firefox 4, Chrome, Opera, et Safari.**

⊾ **Gestion de la compatibilité de la propriété css « transform» avec le maximum de navigateurs**: La propriété css « transform» cree un effet de d'agrandissement lors d'un survol de la souris de l'utilisateur du site sur l'object sur lequel la propriété a été definie. Pour le site de l'ONG la galerie photo a été développée avec du HTML5 et du CSS3 en utilisant les effets de la propriété « **transform** » qui aux photos de la gallerie de s'agrandir ou de se retrecir lorsqu'un utilisateur passe sa souris au dessus

```
-moz-transform:scale(2);
-webkit-transform:scale(2);
-o-transform:scale(2);
-ms-transform:scale(2);
```

⅄ **La balise « figure » pour accroitre l'accessibilite des images du site web:**
Si une image du site est important pour la comprehension du site (a un sens
semantique ou n'est pas juste decorative), encadrer la balise <img> qui
permet d'afficher cette image dans le fichier HTML avec la balise <figure>
accroitra le referencement de cette image et donc son accessibilite .ci dessous
un exemple d'utilisation de Figure pour afficher une image du site de L'ONG :

```
<figure>
    <img src="images/executive.jpeg" alt="picture of the executive director of SSYP" />
    <figcaption>Picture of the the executive director of SSYP</figcaption>
</figure>
```

- **Interactivité dans le site avec un formulaire de contact avec captcha en HTML,
javascript et php:** Pour l'interactivité du site web, un formulaire de contact a été
développé en HTML5; javascript a été utilisé pour controler les données saisies par
l'utilisateur dans le formulaire, et le php a été utilisé pour sécurisé le formulaire et
controler l'acces au formulaire par les spams. Pour ce dernier un capcha a été concu a
partir d'un nombre generé aleatoirement qui sera saisi par l'utilisateur et qui est
obligatoire afin que le formulaire soit envoyé par email via le site web. Ceci permet
d'etre d'avoir plus de chance de n'avoir de email venant du site web que si l'utilisateur
était capable de lire et saisir le contenu du captcha dont n'était pas un robot. Pour cette
partie du site 2 fichiers code source ont été concu:

- Un fichier nommee **Captcha.php** qui crée une image à partir d'un nombre qui sera
à chaque fois aleatoirement generé.

- Et un fichier **Contact_us.php** contenant le formulaire, les contrôles javascript sur le formulaire et l'appel du captcha.php

Fichier : captcha.php

```php
<?php
session_start();// debut de la session
$image = imagecreate(50, 20); //creation d'une image vide (width, height
$bgcolor = imagecolorallocate($image, 0, 0, 0); //ajout de la couleur fond with RGB ba l'image crea
$textcolor = imagecolorallocate($image, 255, 255, 255); //ajout de la couleur de text blanche en RGB
$code = rand(1000, 9999); //creation d'un nombre aleatoire entre 1000 et 9999

$_SESSION['code'] = ($code); //ajout du nombre aleatoire a la session 'code'
imagestring($image, 10, 5, 3, $code, $textcolor); //creation de l' image avec toutes les parametres ci dess
header ("Content-type: image/png"); // definition de l'image type
imagepng($image); //affichage de image en PNG
?>
```

Fichier : contact_us.php

```php
<?php session_start(); ?>
<!DOCTYPE html>
<html lang="en">
    <head>
        <meta charset="UTF-8">
        <title>Contact SSYP</title>
        <link rel="stylesheet" href="css/styleecranfinal212.css" type="text/css" media="screen"/>
        <!-- gestion de la compatibilite de belles structure de html5 (header,nav...) avec Ie6 et 7-->
        <!--[if lt IE 9]>
        <script src="http://html5shiv.googlecode.com/svn/trunk/html5.js"> </script>
        <![endif]-->
        <!-- gestion de la compatibilite de inline block avec Ie6 et 7-->
        <!--[if lte IE 7]>
        <link rel="stylesheet" href="css/style_ie.css" />
        <![endif]-->
        <!-- gestion de la compatibilite de min-width et max-width de html5 video sur Ie6 et 7-->
        <!-- gestion de la compatibilite de min-width et max-width quand javascript est activate ou non sur Ie6 et 7, le code fixe reduit s
        <!--Si la fenetre depasse 1000px, elle sera reduite a 1000px. Si elle est inferieure a 600px, elle sera remened a 600px. Si JavaScri
        <!--[if lt IE 7]>
        <style type="text/css">
            {
            width: 700px;
            width: expression(document.body.clientWidth <= 702? "700px" : (document.body.clientWidth >= 1002? "1000px" : "auto"));
            }
        </style>
        <![endif]-->
        <!-- library combination for the slide show-->
        <script type="text/javascript" src="js/jquery-1.4.1.js"></script>
        <script type="text/javascript" src="js/jquery.cycle.all.js"></script>
        <script type="text/javascript" src="js/scripts.js"></script>
    </head>
```

```html
<body>
    <div id="main_wrapper">
        <header>
            <!--logo -->
            <div id="logo">
                <a href=""><img src="images/newlogo4.jpg" alt="" title="" /></a>
            </div>
            <!--tagline-->
            <strong id="tagline1"> Transcend!</strong>
            <strong id="tagline2"> Transform!</strong>
            <strong id="tagline3">Take Flight!</strong>
            <!-- navigation menu -->
            <div class="rectangle">
                <nav>
                    <ul id="menu">
                        <li><a class="item" href="index.php">Home</a></li>
                        <li><a class="item" href="who_we_are.html">Who we are</a></li>
                        <li><a class="item" href="program.html">Programs</a></li>
                        <li><a class="item" href="successstories_gallery.html">Successes stories</a></li>
                        <li><a class="item" href="contact_us.php">contactus</a></li>
                    </ul>
                </nav>
            </div>
            <div class="triangle-l"></div> <!-- Left triangle -->
            <div class="triangle-r"></div> <!-- Right triangle -->
        </header>
        <!-- No slideshow for picture -->
        <!--gestion fil ariand et recherche interne-->
        <div id="filariane">
            You are here: <a href="index.php">Home</a> > <a href="contact_us.php">Contac us</a> >
        </div>
```

```html
<!-- content-->
<section>
    <div id="center-wrap">
        <div id="center">
            <h1><strong>Contact us</strong></h1>
            <strong id="contact1">You can contact Street Smart Youth Project office  either by: </strong>
            <table>
                <tr>
                    <td>
                        <p> <img src="images/emoticone-home.png" id="imgcontact"> </img><h2> contact info</h2></p>
                        <p> <strong>Street Smart Youth Project Inc. English Park Recreation Center </strong><br/>
                        <strong>Adress:</strong> 1340 Bolton Road, NW <br/>
                        Atlanta, GA  30331 <br/>
                        <strong>Tel: Office</strong>:  404-474-8887
                        <strong>Fax: </strong>: 404-551-3703
                        <strong>Email: </strong> streetsmartyouthproject@gmail.com
                        </p>
                    </td>
                </tr>
                <tr> <td><img src="images/emoticone-inscription.png" id="imgcontact"><h2> Or by filling out the contact form below<h2></td></tr>
                <tr>
                    <td colspan="2">
                        <p>
                            <?php
                            //si le bouton submit est clique, il ya control pour s'assurer  que les contenu  sont saisies avant l'envoie  dans le be
                            if (isset($_POST['submit']))
                            {
                                $error="";
                                //
                                if (!empty($_POST['name']))
                                {
                                    $name = $_POST['name'];
                                }
                                else
```

```php
    {
        $error .= "You didn't type in your name. <br />";
    }
    //------------------------------------------------
    if (!empty($_POST['email']))
    {
        $email = $_POST['email'];
        if (!preg_match("/^[_a-z0-9]+(\.[_a-z0-9]+)*@[a-z0-9]+(\.[a-z0-9]+)*(\.[a-z]{2,3})$/i", $email))
        {
            $error .= "The e-mail address you entered is not valid. <br/>";
        }
    }
    else
    {
        $error .= "You didn't type in an e-mail address. <br />";
    }
    //------------------------------------------------
    if (!empty($_POST['subject']))
    {
        $subject=$_POST['subject'];
    }
    else
    {
        $message.=" you didn't type a subject<br/>";
    }
    //------------------------------------------------
    if (!empty($_POST['message']))
    {
        $message = $_POST['message'];
    }
    else
    {
        $error .= "You didn't type in a message. <br />";
    }
    //------------------------------------------------
    if(($_POST['code']) == $_SESSION['code'])
    {
        $code = $_POST['code'];
    }
    else
    {
        $error .= "The captcha code you entered does not match. Please try again. <br />";
    }
// teste si tout est saisi , alors l'envoie se prepare et est faite par email.
    if (empty($error))
    {
        $from = 'From: ' . $name . ' <' . $email . '>';
        $to = "webmaster@technologytuto.com";                    //subject = "New contact form message";
        $content = " M./Mrs " . $name . " has sent you a message: \n" . $message;
        $success = "<h3>Thank you! Your message has been sent. Street Smart youth Project will initiate  a contact with you very soon! <br/>";
        mail($to, $subject, $content, $from);
        echo $success;
    }
    else
    {
        echo '<p class="error"><strong>Your message have not been sent<br/> The following error(s) returned:</strong><br/>' . $error . ' Please, fil
    }
} // end (isset($_POST['submit']))
?>
<form method="post" action="contact_us.php" id="contactform">
<!-- placeholder is an attribut to set a default value to our input that would stay if no value is enter-->
<label><h2> Contact Form</h2></label><br/><br/>
<label>Name</label><br/>
<input type="text" name="name" value="<?php if ($_POST['name']) { echo $_POST['name']; } ?>"  /><br/>
```

```
<label>Email</label><br/>
    <input name="email" type="email" value="<?php if ($_POST['email']) { echo $_POST['email']; } ?>"/> <br/><!--placeholder="Type your
<label>Subject</label><br/>
    <input type="text" name="subject" value="<?php if ($_POST['subject']) { echo $_POST['subject']; } ?>"/> <br/>
<label>Message</label><br/>
    <textarea name="message" rows="20" cols="20" value="<?php if ($_POST['message']) { echo $_POST['message']; } ?>"></textarea><br/>
    <!--captcha.php est le fichier png qui cree une image en php et l'affiche comme un fichier .png dans le fichier php  puis utiliser
    <label>Please type this captcha to avoid spam <img src="captcha.php"><br/></label>
    <input type="text" name="code" /> <br/>
    <input id="submit" name="submit" type="submit" value="Submit"/>
    </form>
    </p>
    </td>
    </tr>
</table>
</div>

    <aside>
    <div id="get-involve1">
    <a href="#" title=""><img id="donate" src="images/donatebuttonnew2.jpg" alt="donate button"/> </a>
    <p>Help young people transcend their barriers Watch them transform and take flight by donate!</p>
    </div>
    <div id="get-involve2">
    <p class="newandfollowtitle"> <strong>Follow us </strong></p>
    <a href="https://www.facebook.com/profile.php?id=1680817636&sk=wall" target="_BLANK"><img src="images/facebook.png" alt="image
    <p> Expand Your Network, Friend Us on Facebook</p>
    <a href="http://twitter.com/#!/StreetSmartATL" target="_BLANK"><img src="images/twitter.png" alt="SSYP Twitter profile"/></a>
    <p> Expand Your Network, Follow us on twitter</p>
    </div>
    <div id="get-involve3">
    <a href="volunteer.html" ><img id="volunteer" src="images/volunteerbutton6.jpg" alt="volunteer"/></a>
    </div>
    </aside>
```

```
<!-- la ligne suivante permet de gerer le debordement des elements flotant-->
    <div class="spacer1"> </div>
    </center-wrap>
    </section>
    <!-- end content -->
    <!-- before footer section2 -->
    <footer>
    <p>
        <ul>
            <li><a href="who_we_are.html"> Who We Are </a></li>
            <li><a href="program.html">Programs</a></li>
            <li><a href="volunteer.html">Volunteer</a></li>
            <li><a href="listnews.php">Events & News</a></li>
            <li><a href="contact_us.php">Contact Us</a></li>
            <li><a href="site_map.html">Site Map</a></li>
        </ul>
    </p>
    <p> designed and developed by <a href="http://www.technologytuto.com" target="_BLANK">Technologytuto.com </a> all rigth reserved</
    </footer>
    </div>
    </body>
</html>
```

Ceci permet d'avoir le formulaire de contact ci dessous (avec le style sheet du site):

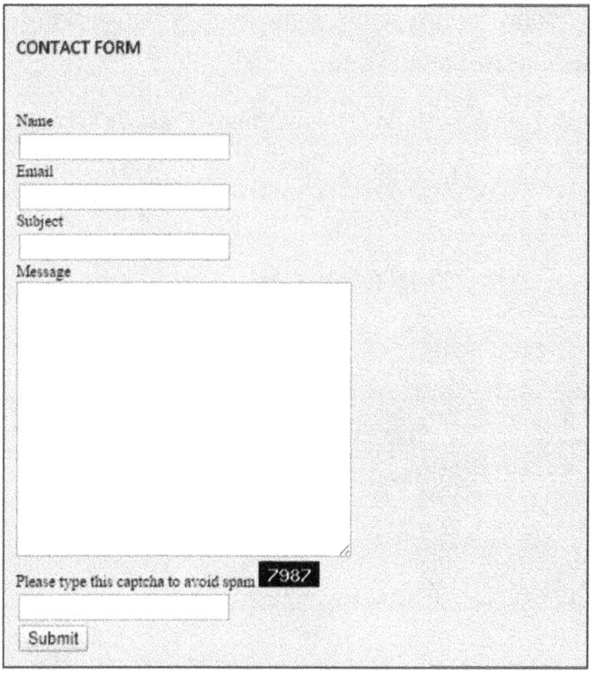

Figure 12: *Formulaire de contact en php5, html5 and javascript avec Captcha en php*

2 - DEVELOPPEMENT DE LA PARTIE DYNAMIQUE DU SITE (PARTIE ADMINISTRATEUR DU SITE)

La partie dynamique de ce project de développement de site web consiste à développer une interface de création et de gestion des utilisateurs, de création et de gestion des nouvelles et d'évenements, puis d'affichage de ces nouvelles et évenements dans le site web accessible à tous les utilisateurs via internet. Pour cela le STACK WampServer (PHP,Mysql, Apache) a été utilisé et particulierement l'outil PHPMyAdmin integré au serveur Mysql a été utilisé pour gérer la création de la base de données. Les étapes de création de la base des données ou seront stockés les utilisateurs, nouvelles et évenements sont les suivantes :

- Connection à **Phpmyadmin** à partir de l'icone **Wampserver** sur le bureau, faire un click droit sur Wampserver, en s'assurant que les serveurs de Wamp sont tous demarrer, puis selectionner **phpmyadmin**. Comme ci-dessous :

- La fenêtre de Phpmyadmin s'ouvre, à gauche s'affiche la liste des bases de données déjà existantes et à droite cliquez sur l'onglet **bases de donnees,** un simple formulaire de **création de bases de donn**ées s'affiche : saississez le nom de la base de données et choississez l'interclassement (Utf8_general_ci si on veut la gestion des accents), pour notre cas la base de données a été nommée **db_ssyp.**

- Puis par rapport à notre objectif qui est de gerer les utilisateurs et les nouvelles et évènements, la table **users** a été créée. Ci dessous un écran de la création de la table **Users** qui contiendra les utilisateurs pouvant accéder à la partie administration du site.

Figure13: Fenêtre de création de la table ''users'' en utilisant l'outil PHpMyAdmin

- Ensuite la table **news_events** a été créée de la meme facon. Pendant sa création nous avons spécifié **userid** (identifiant de la table **users**) comme clé secondaire comme expliqué à la conception faite plus haut. Ci dessous un écran de la spécification de **userid** comme la clé secondaire dans la table **news_events**.

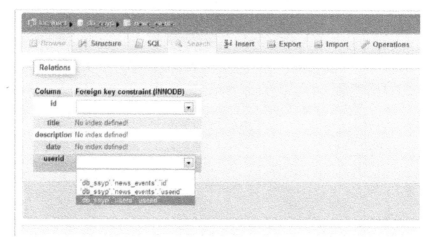

Figure 14: Fenêtre d'ajout de la clé secondaire à la table ''news_events'' utilisant PHpMyAdmin

-Une fois la clé secondaire specifié le message suivant s'affiche, nous confirmant que la création de la clé secondaire s'est bien passée.

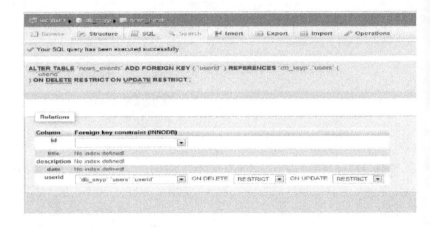

Figure15: Fenêtre de confirmation ajout de la clé secondaire à la table ''news_events''

La creation de la bases de donnees, des tables dans Mysql en utilisant Phpmyadmin nous a permis d'avoir le dictionnaire de données suivant généré à partir de notre base de données :

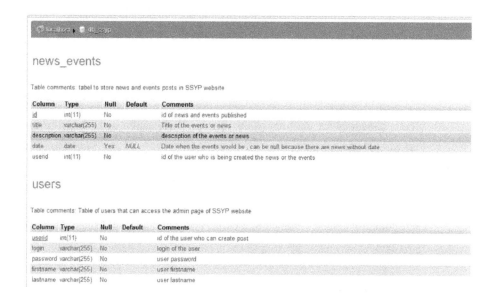

Figure 16: *Dictionnaire de données généré à partir de notre base de données dans Myqsl*

- Après création de la base de données, les codes PHP pour l'accés à la base de données **db_ssyp** afin d'ajouter, de supprimer, ou mettre à jour les informations ont été developpés. Cet accès à la base de données a pour but de se connecter à la page d'administration en utilisant un formulaire, d'ajouter un ou plusieurs utilisateurs, annonces et évènements, de supprimer un ou plusieurs utilisateurs, annonces et évènements, de modifier un ou plusieurs utilisateurs, annonces et évènements.

- **Pour s'assurer de la sécurité des données transmis à partir des formulaires vers la base de données, nous avons :**

⋏ **Implementé la sécurité des données saisies dans les formulaires du site web** : En effet, les informations saisies dans un formulaire peut par erreur contenir des balises HTML, si cette situation arrivait et que ces données étaient transmises, les données contenant le code sera lors de la restitution comme du code HtML et donc s'executera comme tel, ce qui entrainera le changement dans la structure du fichier html du site. C'est pourquoi pour éviter cela, dans tous les formulaires du site web, l'utilisation de la **fonction php**: **Htmlspecialschars()** est recommandée.

```
Htmlspecialschars($_post['nom-du-champ'])
```

Cette fonction annule l'effet de tout code Html saisi dans une zone de saisie du formulaire et permet de lire tout tel code comme un simple texte.

- Également pour sécuriser les informations qui sont transmises aux requêtes Sql par un formulaire contre les injections Sql , nous avons :

⋏ **Utilisé les requêtes préparées comme ci dessous par exemple pour la gestion de la page de connection à l'interface d'administration:**

```
$query_manual="SELECT *FROM users WHERE  login=:login AND password=:password";
$req = $bdd->prepare($query_manual);
$req->execute(array(
'login'=> htmlspecialchars($_POST['login']),
'password'=> htmlspecialchars($_POST['password'])

));
$resultat=$req->fetch();
```

PARTIE IV - <u>DESCRIPTION DU SITE WEB RÉALISÉ ET BILAN PAR RAPPORT AUX ATTENTES</u>

Cette partie est consacrée à la description du résultat obtenu, nous allons présenté quelques interfaces afin d'illustrer plus clairement les diverses utilisations de l'application. Puis nous ferons un bilan par rapport aux attentes.

I - <u>DESCRIPTION DU SITE WEB RÉALISÉ</u>

A - <u>REALISATION PARTIE STATIQUE</u>

1 - <u>PAGE D'ACCUEIL DU SITE WEB</u>

La page d'accueil, illustrée dans la figure ci-dessous du site comporte un menu dans une bannière 3 D, qui permet l'accès direct à l'ensemble des fonctionnalités qui aident les visiteurs du site à parcourir le site, et un corps de page qui contient des informations représentant l'ONG, un lien vers le page de donation, un autre vers la page de volontariat, et des annonces et évènements en cours à gauche provenant de la base de données.

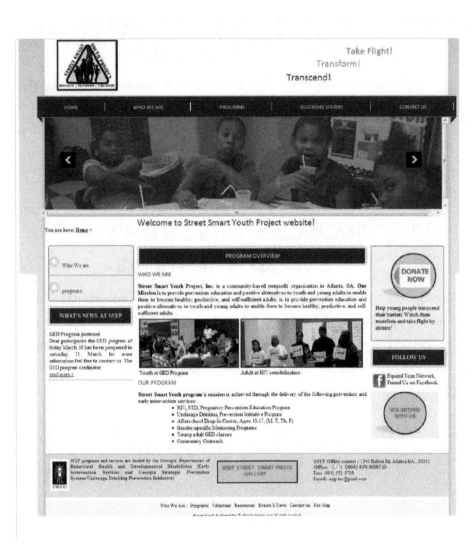

2 - **PAGE PRESENTANT LA PRINCIPALE EQUIPE DIRIGEANTE DE L'ORGANISATION**

Cette page présente la principale équipe dirigeante de l'organisation et donne également dans un menu de gauche la possibilité de rentrer a la page présentation de l'historique et la mission de SSYP en un click.

3 - PAGE DE CONTACT AVEC FORMULAIRE DE CONTACT

La page de contact ci dessus offre les différentes façons d'entrer en contact avec SSYP, en donnant son adresse, son contact téléphonique et un formulaire à remplir qui une fois envoyé, se dirige par la boite émail de SSYP.

4 - <u>LA PAGE « GALERIE PHOTOS »</u>

La page ci dessus présente la galerie photo de SSYP et en rapprochant la souris sur une photo particulier celle ci se retire du lots de photos et se rapproche en se zoomant pour une meilleur lisibilité.

B - **REALISATION DE LA PARTIE D'ADMINISTRATION**

1 - **PAGE DE CONNEXION A L'ESPACE ADMINISTRATION**

Ci-dessus, la fenêtre de connexion à la page d'administration, cette fenêtre n'est pas accessible au public.

2 - **MESSAGE D'ERREUR DU A LA SAISIE DE MAUVAIS PARAMETRES DE CONNEXION**

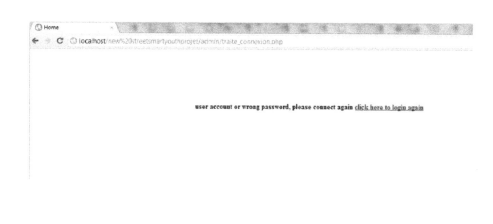

Cette fenêtre ci-dessus est obtenue une fois qu'un utilisateur voulant se connecter à la page d'administration utilise un login et/ou un mot de passe qui n'existe pas dans la base.

3 - <u>PAGE D'ACCEUIL DE LA PAGE D'ADMINISTRATION</u>

Une fois connecté avec les bons paramètres de connexion, l'écran suivant est celui qui s'affiche à l'administrateur. En effet la page d'administration s'ouvre directement sur le formulaire d'ajout d'un évènement ou annonce, et l'administrateur peut procéder soit à la gestion d'un utilisateur ou d'un évènement en se déplaçant dans le menu horizontal, soit il peut se déconnecter. Et en fonction du cas il pourra à partir du menu vertical effectuer les tâches d'ajout, de suppression et de modification.

4 - ECRAN DE SUPPRESSION D'UN EVENEMENT

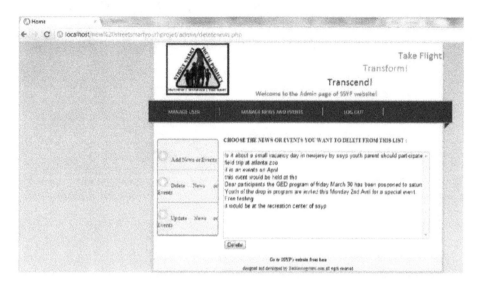

Cette fenêtre affiche dans une liste de choix la liste de toutes les annonces et évènements dans la base de données des annonces et évènements. L'administrateur doit sélectionner le ou les annonces à supprimer et cliquer sur le bouton delete pour les supprimer.

5 - ECRAN DU MESSAGE QUI S'AFFICHE APRES ENREGISTREMENT D'ANNONCES ET D'EVENEMENTS EFFECTUES AVEC SUCCES:

La fenêtre ci dessous s'affiche une fois que l'administrateur a supprimé un événement de la base de données et si tout se passe bien, celui ci reçoit donc un message: «**The new has been successfull deleted**».

II - BILAN PAR RAPPORT AU TRAVAIL ATTENDU

L'objectif du projet était d'analyser, de concevoir , de proposer une maquette pour le site web, puis de développer un nouveau site web attractif, responsive, accessible, et sécurisé, dans le but d'accroitre la visibilité de l'organisation, d'accéder à plus de partenaires, de participants et de volontaires tout en améliorant la vision professionnelle de l'organisme.

Toutes les étapes ont été réalisés (l'analyse, la conception, la réalisation de la maquette pour le site web, puis le développement) Au niveau du développement:

-A la partie statique: Toutes les pages ont été conçues et développées, le formulaire de contact, la galerie photos également, seulement un nombre basic de tests ont été effectuées sur les pages comme la pages de contact. Les tests de validation des pages web en accord avec la norme du w3c ont réalisés.

-Au niveau de la partie dynamique la connexion à la page d'administration et ses contrôles, les opérations d'ajout d'utilisateurs, d'annonces et d'évènements, de suppression d'annonces et d'évènements ont été réalisés

Pour un rendu optimale ce site est compatible avec les versions suivantes de navigateur web **Google chrome 9, Internet Explorer 9, 8,** ces 2 navigateurs représentant plus de 65% (Référence: http://fr.wikipedia.org/wiki/Navigateur_web) de la part de marche des navigateurs dans le monde. Sur les autres navigateurs, le site web s'affiche avec quelques incompatibilités physiques mais tous les contenus restent disponible.

Figure 17: *Part de marche des navigateurs Avril 2012[* http://fr.wikipedia.org/wiki/Navigateur_web]

	Les parts de marché des navigateurs Web (Avril 2012 - mettre à jour)					
Source	Internet Explorer Microsoft	Firefox Mozilla	Chrome Google	Safari Apple	Opera Opera Software	Autres
Statcounter ☞ (Monde - Avril 2012)	34,07 %	24,07 %	31,23 %	7,13 %	1,72 %	0,38 %
Statcounter ☞ (Europe - Avril 2012)	29,37 %	30,44 %	29,09 %	6,89 %	3,42 %	0,79 %
Statcounter ☞ (France - Avril 2012)	30,55 %	32,47 %	26,45 %	8,66 %	0,94 %	0,31 %
AT internet institute ☞ (Europe - Décembre 2011)	40,9 %	25,9 %	18,2 %	10,8 %	2,3 %	1,9 %
Net Applications ☞ (Monde - Avril 2012)	54,09 %	20,20 %	18,85 %	4,8' %	1,63 %	0,42 %
W3Counter ☞ (Monde - Avril 2012)	28,9 %	24,1 %	25,3 %	6,5 %	2,2 %	'2,4 %

Bien que cette figure montre IE (Internet Explorer) en avance sur Chrome, Selon les statistiques de StatCounter, basées sur des données collectées sur 15 milliards de pages vues et 3 millions de sites dans le monde, Chrome est le navigateur le plus utilisé par les internautes depuis le 18 mai de cette année 2012. Selon ces derniers chiffres le 20 mai 2012, Chrome détenait ainsi 34,29% de parts de marché, devant Internet Explorer qui en affichait, toutes versions confondues, 29.81% [source:http://gs.statcounter.com/#browser-FR-daily-20120421-20120520]. Et ce n'est pas la première fois que le navigateur de Google passe devant celui de Microsoft. Depuis le 18 mars 2012, Chrome a dépassé pour la première fois IE, les courbes des parts de marché des deux navigateurs n'arrêtent pas de se croiser. La courbe de Firefox étant plus stable sur le dernier mois, et stagne à 25% (contre près de 30% il y a un an).

CONCLUSION

Le présent ouvrage s'inscrit dans le cadre d'un projet professionnel élaboré au sein l'organisation à but non lucratif Street Smart Youth Project (SSYP) pour le compte de l'obtention du **MASTER MIAGE SIIN (Systemes d'Information et Informatique Nomade) à l'Université de Picardie Jules Verne (UPJV).** Le travail consistait à développer un site web attractif, interactif, responsive et securisé, permettant de mettre à jour des annonces et évènements dans le but d'accroitre la visibilité de l'organisation, d'accéder à plus de partenaires, de participants et de volontaires, d'accroitre les dons tout en améliorant la vision professionnelle de l'organisation.

Nous avons tout d'abord procédé à l'analyse de l'existant, l'organisation disposait déjà d'un site web en ligne. Nous avons approfondi nos analyses par l'élaboration des différents cahiers de charges (cahier de charges des contenus, cahier de charge fonctionnelle). Ceci nous a permis de nous rendre compte que le site web sera dynamique et que l'organisation devra changer le plan d'hébergement précédent pour pouvoir prendre un hébergement qui supportera les langages utilisés par le site web dynamique (Html, php, mysql). Nous avons donc procédé à la conception de la partie statique (page web statique) et la partie dynamique (partie administration).

Ensuite, nous avons conçu le site web indépendamment du langage de programmation à utiliser plus tard lors de la phase de développement. C'est à dire en choisissant nos outils de conception (**Open Office Impress 3.2.1** pour la maquette et **Photofiltre** pour le traitement des images), puis la Méthode Merise a été utilisée pour l'analyse de la partie dynamique du site web. la conception de ce site web a été faite en ayant à l'esprit la question « comment concevoir un site accessible, responsive, interactif, sécurisé, compatible multi-navigateurs qui répondent aux fonctionnalités décelées à l'analyse »

Et enfin Nous avons procédé au développement effectif du site web sans framework pour le Html, Css3, Php en ecrivant le code des pages lignes apres lignes. Pour cela nous avons choisi nos outils de développement au vu de l'incapacité de l'organisation de s'approprier les outils plus professionnel pour un développement web. Nous avons donc utilisé les langages et outils gratuits suivants: le **HTML5** avec ses nouvelles balises de structuration (header, nav, figure, footer, aside...), le **CSS3** avec ses nouvelles propriétés (border-radius, box-shadow, moztransform:scale(2)...), le **Jquery** qui nous a été utile pour la réalisation d'un diaporama photos dans le site, **Photofiltre 6.4.0** pour le traitement des images et éléments graphiques, la boîte à couleurs pour la sélection des couleurs de façon rapide et appropriée, **Mysql** 5.5.9 pour le stockage des données dans la base de données, **Apache** 2.2.21 comme serveur web et le **Php5.3.9** pour la connexion à la base de données Mysql. Puis nous avons mis sur pied notre site web avec un design fluide pour le permettre de se redimensionner en fonction de la résolution de l'écran sur lequel il s'ouvre (taille, polices, fluidité). Pendant ce développement nous avons utilisé les techniques de commentaires conditionnels dans le code HTML pour bannir les incompatibilités de certains codes avec certains navigateurs, nous avons également utilisés les correspondants préfixés de certaines propriétés Css3 qui ont des difficultés à se faire interpréter par certains navigateurs (ex:border-radius), nous avons aussi sécurisé les parties importantes du site, principalement la partie administration du site par la protection des données entrées via les formulaires pour stockage dans la base de données avec les fonctions php comme **Htmlspecialschars()**, l'utilisation des requêtes préparées pour toutes les requêtes donc les données entrées provenaient d'un formulaire utilisateur, ce qui permet de protéger les données des injections SQL et la connexion à l'interface d'administration par un compte et un mot de passe.

Au terme de notre projet, nous pouvons dire qu'un organisme à but non lucratif à besoin d'un site web un peu particulier par rapport aux autres sites car la cause que défend l'organisme doit rapidement être perçu dès la page d'accueil du site et les éléments d'accès aux informations de contact, de volontariats et l'accès à la page de dons doivent être le plus accessible et visible possible . Nous constatons également que développer un site web avec les outils pas de la catégorie de WYSIWYG (What you see is what you get) n'est pas chose aisée dans la mesure ou le positionnement des éléments devient difficile à gérer car tout changement de position d'un élément du site entrainera le changement de la position des autres éléments autour, mais elle devient plus facile avec l'utilisation des valeurs relatives. Aussi il permet de mieux maitriser son language de programmation et de facilement être capable de prendre en main tout framework developpé sous ces languages. Nous pouvons également dire que HTML5 combiné à Css3 sont 2 langages puissants qui permettent de développer des sites web multimédia de grande qualité. Seulement, leur utilisation nous confronte de nos jours au problème d'accessibilité que provoque les nouvelles balises Html5 et nouveau éléments Css3 dans l'accessibilité du site web car ils ne sont pas encore pris en compte par certains navigateurs. Heureusement les commentaires conditionnels permettent d'antenuer ces consequences.

Nous ne saurons prétendre avoir couvert tous les contours qu'incombe le developpement d'un site web particulierement pour le site web d'une organisation a but non lucratif dans ce livre, mais nous pouvons dire que ce livre qui traite de l'analyse, de la conception et du developpement d'un site web pour un organisation a but non lucratif peut servir comme base pour tout travail de developpement de site web. il definit étapes apres étapes les phases nécessaire à prendre en consideration afin de concevoir et développer un site web « responsive » de qualité.

BIBLIOGRAPHIE

WEBOGRAPHIE

1- http://www.commentcamarche.net/contents/webmasters/

2- http://www.siteduzero.com/tutoriel-3-14668-concevez-votre-site-web-avec-php-et mysql.html

3- http://fr.wikipedia.org/

4- Sun acquires MySQL, blogs.mysql.com

OUVRAGES

1- Olivier Hertel, **PHP 5 Développer un site web dynamique et interactif, éditions ENI 2005**.

2- D. NANCI et B ESPINASSE, **Ingénierie de Système d'Information, Merise, 2ème génération.**

3- J.P. LEBOEUF, **Les cahiers du programmeur PHP-MySQL, Ed. Eyrolles 2002.**

ANNEXES

Annex1: Cahier de charge type du contenu du site web (a remplir par l'organisation desireuse du site web ou maître d'œuvre)

Remplissez le formulaire ci dessous concernant le contenu du site web:

	QUESTIONS	REPONSES
PAGE 1	**Titre**	
	Resume du contenu	
	La page sera t elle accessible via le menu ?	
	Mots cles de la page	
	Voulez vous les images dans cette page? si oui combien, leur formats	
	Voulez vous les videos dans cette page ? si oui combien, leur formats	
	voulez vous les documents telechargeable dans cette page ? si oui leur formats	

NB: Ajoutez une ligne «pagei» à la fin du tableau ci dessus, i étant le nombre de pages prévues pour le site web.

Annexe2 : Cahier de charge fonctionnel du projet

PRESENTATION DU PROJET

Le but du site web de SSYP est de faire l'organisation être connue, attirer les potentiels participants, partenaires, volontaires et donneurs tout en fidélisant ceux déjà existants, en leur offrant des outils interactifs pour communiquer a travers les sites et avoir le maximum d'information sur SSYP de façon autonome, de pouvoir prendre des actions sans avoir besoin forcement d'avoir un contact physique avec l'organisation. Et de permettre a SSYP de collecter les informations des potentiels intéressé par leur cause pour créer et maintenir une relation avec eux et de publier les informations sur les évènements a venir et courant de SSYP .

ROLES DES PARTICPANTS A CE PROJET

Rôle de SSYP (Maitre d'oeuvre)

- Donner les informations pour accès au serveur hébergeant l'actuel site web,

- Valider les choix graphique, ergonomique, les contenus du nouveau site web,......

- Fournir les contenus (texte, logos, images, ...),

- Fournir d'autres éléments importants pour la réalisation du site web.

Rôle de Sidoine Lafleur KAMGANG (Maitrise d'ouvrage)

- Proposer un planning de réalisation du nouveau site web de commun accord avec SSYP,

- Concevoir et proposer une maquette pour le nouveau web site pour validation par SSYP,

- Concevoir le nouveau web site,

- Développer le nouveau web site , le tester

- Changer le plan d'hébergement pour un plan supportant le nouveau site.

- Le transférer chez le nouveau hébergeur et tester son fonctionnement.

PLATE FORME DU PRECEDENT SERVEUR HEBERGEANT LE SITE WEB

- **Système d'exploitation:** Linux

- **Logiciel serveur:**

  - Apache 2.2.19 comme serveur web serveur,

  - Mysql 5.0.92 comme système de gestion des base de données.

  - Php 5.2.17 comme langage script coté serveur

Le plan d'hébergement actuel ne supporte pas le PHP et Mysql.

LES ELEMENTS DU SITEWEB ET LEURS DETAILS:

ELEMENTS	DETAILS ET/OU REPONSES
1. Raisons du besoin de développer un nouveau site web: quel problème il resolvra, quelle opportunité apportera t'il?	Le site web actuel a un manque d'interactivité d'où une portée limitée, le nouveau site web permettra d'améliorer tout ces aspects. Plus encore il permettra d'accroitre la visibilité de Street Smart Youth Project, de toucher plus de potentiels nouveaux participants,volontaires, partenaires tout en améliorant la vision professionnelle de l'organisation à l'extérieur et informera les participants sur d'autres programmes existants.
2. Objectifs du nouveau site web:	□ □Avoir un site web plus attractif, plus interactif, ajouter des nouvelles fonctionnalités permettant de d'accroitre l'image de SSYP , permettre a SSYP de pouvoir collecter les contacts des potentiels personnes

	partageant les même valeur que SSYP pour les informer des activités de SSYP de façon plus proches constituants. □ □Informer et promouvoir SSYP

3. Résultats attendus du nouveau site web a long thème	- Accroissement les dons - Accroissement le nombre de volontaires - Accroissement le trafic dans site web - Accroissement les contacts enregistrer pour un suivi
4. Public cible visé pour le site web (dire si ils sont utilisateur avertis de l'ordinateur et de internet ou non, donner certains comportement connu qui peut être important a savoir pour concevoir le site web pour qu'il réponde a leur attente et leur facilite l'accès)	Les partenaires, les participants , donneurs, les volontaires, les fondateurs, les employés, toute personnes intéressé par la cause d'aider les personnes minoritaire des USA a haut risques d'exposition a la délinquance , la drogue et le VIH. La majorité sont des personnes habitues a l'utilisation de l'ordinateur et de l'internet en général.
5. la cible (classe dans ordre de priorité par rapport a l'utilisation du site web)	- Fondateur de SSYP - Potentiel et courants donneurs - Potentiel et courants partenaires - Potentiel et courant volontaires - Potentiels et courants participants - mployés de SSYP

	- Les parties prenantes déjà existantes

	- Les membres des autres organisations communautaires
Type site web	-Vitrine

6. Décrire les différents scénarios d'utilisation du site web par les différentes cibles **NB:** Les numéro des réponses correspondent aux scénarios d'utilisation du site par les cible de même numéro ci dessus	- Vérifier la conformité de logos de parties prenantes et l'attribution et entretenir des livrables - Faire les dons - Avoir les informations sur l'organisation et pouvoir s'assurer des valeurs de SSYP pour une possible collaboration - Avoir les informations sur l'organisation, sur ces activités, sur les opportunités de volontariat et appliquer a ces opportunités. - Informer les participants du programmes - Confirmer des informations de base sur program/org. - (Voir des raisons des questions 3 et 4) -(Voir des raisons des questions 3 et 4) **Exemple de scenario**- une Autre organisation communautaire peut chercher un programme de référence pour fournir des groupes de VIH à leurs participants actuels. Ils recherches sur google "groupes d'enseignement(éducation) de VIH" et les informations sur le programme de SSYP qui forme

	les adolescents sur cet aspect devrait apparaitre et les dates(rendez-vous) du groupe, le contenu de groupe, et contact pour avoir plus d'informations. Ceci qui pourra mener à une nouvelle collaboration et un placement de participants.

7. Cible et leur intérêt quand il visite le site web	- Les Fondateurs : avoir les informations sur les évènements et activités courantes a SSYP, avoir les informations qualitatives (incluant des données) - Les Parties prenantes : Les informations sur les programmes, - Les Volontaires, salariés, associés : avoir les informations sur les opportunités de volontariat, appliquer aux offres de volontariat en ligne, avoir les informations sur les évènements en cours et les activités de SSYP - Donneurs : avoir les information sur les programmes et activités, pourvoir aisément faire des dons en ligne, contacter facilement SSYP pour avoir les information sur l'utilisation des fonds de SSYP - Participants : avoir les Informations sur les Programmes, les activités et évènements a SSYP, avoir les information sur les changements dans les programmes auxquels ils participent, pouvoir appliquer en ligne pour être participants aux programmes. - Membres communautaires : avoir accès aux informations, aux ressources

8. Quel principal Message le site web veut véhiculer	Le site Web présente SSYP comme une organisation jeune avec une mission et des objectif claire, d'activement encourager les jeunes minoritaires et jeunes adultes vivant dans des zones à hauts risques à participer à un programme communautaire, dans le but de les préparer et les permettre d'avoir une vie d'adulte saine et indépendante en leur apportant une capacité de résistance et mettant un accent

	spécial sur la prévention ceci grâce aux dons, volontariat
9. Langage du site:	Anglais
10: Ressources déjà disponibles	- Ancienne version du site web - Logos, photos
11. Charte graphique du nouveau site web	- Couleurs: jaune, noir, bleu car ce sont les couleurs du logos existants - Couleur Dominante: jaune et bleu avec du gris et ou vert - Formes dominantes: rectangle, cercle

12, Quelle contenu interactif voulez vous dans le site web	- Formulaire de contact - Page de dons -Liens vers réseau sociaux Facebook, twitter - Formulaire d'application de participant - Formulaire d'application de volontaire - La possibilité de télécharger les formulaires si possible
13. Voulez vous d'autres formulaires pour collecter les informations du site web, -si oui lequel?	non
14. Voulez vous avoir un moteur de recherche interne?	Si possible mais pas très important car on n'a pas pour le moment beaucoup de contenu.
15. Aimeriez vous pouvoir publiez les évènements en cours ou a venir dans le site web si oui lesquels.	OUI les évènements a venir, les réalisations
16. Voulez vous avoir une interface pour mettre a jour ces évènements vous même? Si oui pourquoi	OUI Car nous n'avons pas d'informaticien Développeur web ne plein temps.

17. Avez vous une maquette du site web que vous voulez qu'on conçoive	Non
18. voulez vous le design de la page d'accueil différent de celui des autres?	Quelque peu oui
19. Voulez vous avoir les animations dans le site web	Si possible, même si c'est pas une priorité
20. combien de pages comptera le site web	Entre 15 a 20 pages maximum
21.Décrivez les contenus que vous fournirez (image, photos, textes, élément à scanner…) comme base travail et orientation pour la conception du site web	Quelques brochures de SSYP (PDF), le logo(JPG), Le bouton des Dons, les photos et les brochures papiers sur certains évènements de SSYP, les contenus des pages en fichier (Ms Word)
22. Aimeriez vous avoir une galerie photo? Si oui pour présenter quoi exactement	Oui, pour présenter les photos de réalisations de nos activités programme, et évènements
23. Moteur de recherche	- Indexation naturel - Optimisation par enregistrement dans les annuaires - Optimisation par les échangés de liens

24. Outils d'analyse et de suivie d'activité du site web	Google Analytics
25. Sécurité du site web	oui
26.Contraintes	Suivre la charte graphique de la société ; Typologie Calibri
27.Maintenance	-Formation pour utilisation partie administrative

LIVRABLES

- Code source du site web

- Un rapport de Project

DELAI DE REALISATION

Durée du project : nombre de mois ou d'années

Annexe 3: Structure type de la page d'accueil du site web

```
<!DOCTYPE html>
<html lang="en">
  <head>
    <!--gestion des compatibilités des propriétés-->
    <!--gestion des compatibilités des propriétés inline block du Html5 avec Ie6 et 7-->
    <!--gestion des compatibilités des propriétés des balises structurales header,nav,.... avec Ie6 et 7-->
    <!-- gestion des compatibilités des propriétés inline block avec Ie6 et 7-->
    <!-- gestion des compatibilités des propriétés  min-width and max-width de html5 width Ie6 et 7-->
    <!-- gestion des compatibilités des propriétés max-width si javascript n'est pas activé sur Ie6 et 7, dans ce cas  la large
    <!--Si la fenêtre dépasse 1000px, elle sera ramenée à 1000px. Si elle est inférieure à 604px, elle sera ramenée à 600px. Si Ja

    <!-- déclaration librairie jquery de diapositive-->
  </head>
  <body>
    <div id="main_wrapper">
      <header>
        <div id="logo">
          <!--logo ici-->
        </div>
        <!--slogan-->
        <div class="rectangle">
          <nav>
            <!-- menu de navigation ici -->
          </nav>
        </div>
      </header>
      <div id="slidder-wraper">
        <div id="slideshow">
          <!-- images du diaporama ici-->
        </div>
      </div>
```

```
      <div id="filariane">
        <!--gestion fil ariane ici-->
      </div>
      <section>
        <div id="center-wrap">
          <div id="left">
            <div id="menusecond">
              <!-- menu secondaire s'il yen a un-->
            </div>
            <div id="new">
              <!-- contenu dynamique ( annonces et évènements)-->
            </div>
          </div>
          <div id="center">
            <!-- center containt-->
          </div>
          <aside>
            <div id="get-involve1">
              <!-- donatebutton link-->
            </div>
            <div id="get-involve2">
              <!-- social network link-->
            </div>
            <div id="get-involve3">
              <!-- volunteer button link-->
            </div>
          </aside>
        </div>
      </section>
```

```
<section>
  <div id="bfooter-wrap">
    <div id="bfoot1">
      <!-- lien vers information programme fondateur de SSYP-->
    </div>
    <div id="bfoot2">
      <!-- lien vers galerie photo-->
    </div>
    <div id="bfoot3">
      <!-- information contact-->
    </div>
  </div>
</section>
  <footer>
    <!-- menu du pied de page-->
  </footer>

</div>
</body>
</html>
```

Annexe 4 : Quelques définitions

page "tunnel" : pages par lesquelles intermediaire s'affichant souvent avant l'access au contenu principal d'un site web (très souvent des animations flash,....., des enregistrement inutiles s'affichant par defaut avant d'accéder à des informations primaires) ce qui pourrait faire fuir les visiteurs.

Framework : Ensemble cohérent de composants logiciels structurels, qui sert à créer les fondations ainsi que les grandes lignes de tout ou d'une partie d'un logiciel (architecture). Un framework peut être constitué de plusieurs bibliothèques chacune spécialisée dans un domaine. Un framework peut être spécialisé, sur un langage particulier, une plateforme spécifique, un domaine particulier : reporting, mapping, etc. (**ex:** Zend Framework).